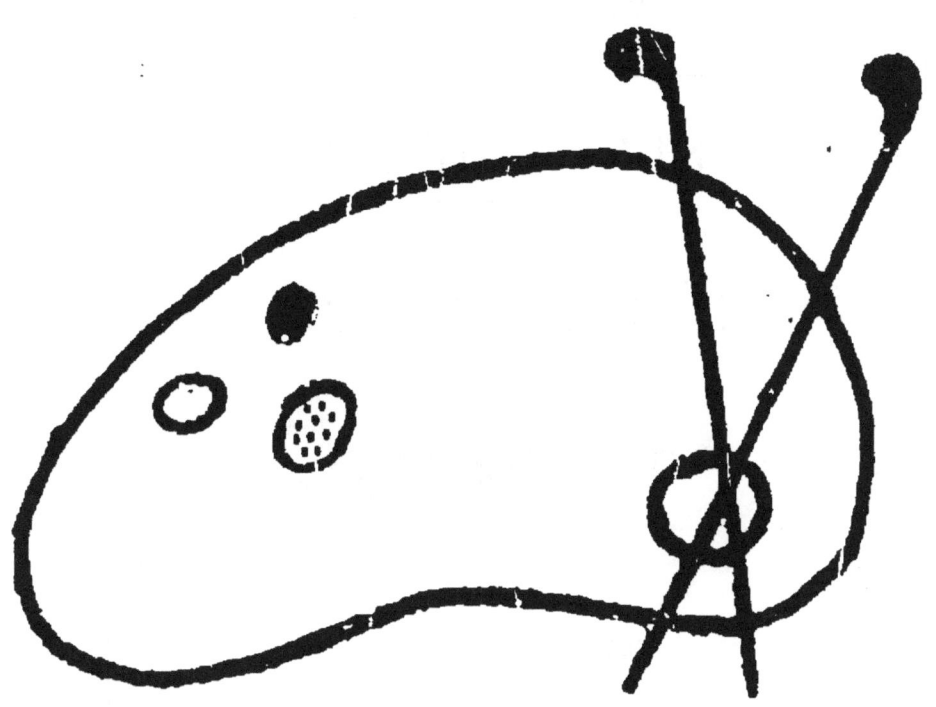

Couvertures supérieure et inférieure
en couleur

Un franc le volume
NOUVELLE COLLECTION MICHEL LÉVY
1 FR. 25 C. PAR LA POSTE

ARSÈNE HOUSSAY

LES AMOURS
DE
CE TEMPS-LA

NOUVELLE ÉDITION

CALMANN LÉVY, ÉDITEUR
ANCIENNE MAISON MICHEL LÉVY FRÈRES
RUE AUBER, 3, ET BOULEVARD DES ITALIENS, 15
A LA LIBRAIRIE NOUVELLE

ŒUVRES COMPLÈTES DE H. DE BALZAC

1 fr. 25 cent. le volume. — *Envoi franco.*

La Comédie humaine, 40 vol. — **Les Contes drolatiques**, 3 vol. — **Le Théâtre**, édition complète, 2 vol. — **Œuvres de Jeunesse**, 10 vol.

Chaque volume se vend séparément.

COMÉDIE HUMAINE

SCÈNES DE LA VIE PRIVÉE

Tome 1. — LA MAISON DU CHAT-QUI-PE-LOTE. Le Bal de Sceaux. La Bourse. La Vendetta. Mme Firmiani. Une Double Famille.

Tome 2. — LA PAIX DU MÉNAGE. La Fausse Maîtresse. Étude de femme. Autre étude de femme. La Grande Bretèche. Albert Savarus.

Tome 3. — MÉMOIRES DE DEUX JEUNES MARIÉES. Une Fille d'Ève.

Tome 4. — LA FEMME DE TRENTE ANS. La Femme abandonnée. La Grenadière. Le Message. Gobseck.

Tome 5. — LE CONTRAT DE MARIAGE. Un Début dans la vie.

Tome 6. — MODESTE MIGNON.

Tome 7. — BÉATRIX.

Tome 8. — HONORINE. Le Colonel Chabert. La Messe de l'Athée. L'Interdiction. Pierre Grassou.

SCÈNES DE LA VIE DE PROVINCE

Tome 9. — URSULE MIROUET.

Tome 10. — EUGÉNIE GRANDET.

Tome 11. — LES CÉLIBATAIRES — I. Pierrette. Le Curé de Tours.

Tome 12. — LES CÉLIBATAIRES — II. Un Ménage de garçon.

Tome 13. — LES PARISIENS EN PROVINCE. L'illustre Gaudissart. Muse du département.

Tome 14. — LES RIVALITÉS. La Vieille Fille. Le Cabinet des antiques.

Tome 15. — LE LYS DANS LA VALLÉE.

Tome 16. — ILLUSIONS PERDUES — I. Les Deux Poètes. Un grand Homme de province à Paris, 1re partie.

Tome 17. — ILLUSIONS PERDUES — II. Un grand Homme de province, 2e p. Eve et David.

SCÈNES DE LA VIE PARISIENNE

Tome 18. — SPLENDEURS ET MISÈRES DES COURTISANES. Esther heureuse. A combien l'amour revient aux vieillards. Où mènent les mauvais chemins.

Tome 19. — LA DERNIÈRE INCARNATION DE VAUTRIN. Un Prince de la Bohême. Un Homme d'affaires. Gaudissart II. Les Comédiens sans le savoir.

Tome 20. — HIST. DES TREIZE. Ferragus. Duchesse de Langeais. Fille aux yeux d'or.

Tome 21. — LE PÈRE GORIOT.

Tome 22. — CÉSAR BIROTTEAU.

Tome 23. — LA MAISON NUCINGEN. Les Secrets de la princesse de Cadignan. Les Employés. Sarrasine. Facino Cane.

Tome 24. — LES PARENTS PAUVRES — I. La Cousine Bette.

Tome 25. — LES PARENTS PAUVRES — II. Le Cousin Pons.

SCÈNES DE LA VIE POLITIQUE

Tome 26. — UNE TÉNÉBREUSE AFFAIRE. Un Episode sous la Terreur.

Tome 27. — L'ENVERS DE L'HISTOIRE CONTEMPORAINE. Madame de la Chanterie. L'Initié. Z. Marcas.

Tome 28. — LE DÉPUTÉ D'ARCIS.

SCÈNES DE LA VIE MILITAIRE

Tome 29. — LES CHOUANS. Une Passion dans le désert.

SCÈNES DE LA VIE DE CAMPAGNE

Tome 30. — LE MÉDECIN DE CAMPAGNE.

Tome 31. — LE CURÉ DE VILLAGE.

Tome 32. — LES PAYSANS.

ÉTUDES PHILOSOPHIQUES

Tome 33. — LA PEAU DE CHAGRIN.

Tome 34. — LA RECHERCHE DE L'ABSOLU. Jésus-Christ en Flandre. Melmoth réconcilié. Le Chef-d'œuvre inconnu.

Tome 35. — L'ENFANT MAUDIT. Gambara, Massimilla Doni.

Tome 36. — LES MARANA. Adieu. Le Requisitionnaire. El Verdugo. Un Drame au bord de la mer. L'Auberge rouge. L'Elixir de longue vie. Maître Cornélius.

Tome 37. — SUR CATHERINE DE MÉDICIS. Le Martyr calviniste. La Confidence des Ruggieri. Les deux Rêves.

Tome 38. — LOUIS LAMBERT. Les Proscrits. Seraphita.

ÉTUDES ANALYTIQUES

Tome 39. — PHYSIOLOGIE DU MARIAGE.

Tome 40. — PETITES MISÈRES DE LA VIE CONJUGALE.

CONTES DROLATIQUES

Tome 41. — Tome 42. — Tome 43.

THÉÂTRE

Tome 44. — VAUTRIN, drame. Les Ressources de Quinola, comédie.

Tome 45. — LA MARATRE, drame. Le Faiseur (Mercadet), comédie.

ŒUVRES DE JEUNESSE

Tome 46. — JEAN-LOUIS.

Tome 47. — L'ISRAÉLITE.

Tome 48. — L'HÉRITIÈRE DE BIRAGUE.

Tome 49. — LE CENTENAIRE.

Tome 50. — LA DERNIÈRE FÉE.

Tome 51. — LE VICAIRE DES ARDENNES.

Tome 52. — ARGOW LE PIRATE.

Tome 53. — JANE LA PALE.

Tome 54. — DOM GIGADAS.

Tome 55. — L'EXCOMMUNIÉ.

LES AMOURS

DE CE TEMPS-LA

CALMANN LÉVY, ÉDITEUR

DU MÊME AUTEUR

Format grand in-18

L'AMOUR COMME IL EST....................	1 vol.
LES AMOURS DE CE TEMPS-LA..............	1 —
AVENTURES GALANTES DE MARGOT...........	1 —
LA BELLE RAFAELLA.......................	1 —
BIANCA.................................	1 —
BLANCHE ET MARGUERITE..................	1 —
LES CHARMERESSES......................	1 —
DES DESTINÉES DE L'AME.................	1 —
LES DIANES ET LES VÉNUS................	1 —
LES FEMMES COMME ELLES SONT............	1 —
LES FEMMES DU DIABLE...................	1 —
LES FILLES D'ÈVE.......................	1 —
HISTOIRES ROMANESQUES..................	1 —
MADEMOISELLE CLÉOPATRE.................	1 —
MADEMOISELLE MARIANI, histoire parisienne....	1 —
MADEMOISELLE PHRYNÉ....................	1 —
LA PÉCHERESSE..........................	1 —
LE REPENTIR DE MARION..................	1 —
LE ROMAN DE LA DUCHESSE................	1 —
LES TROIS DUCHESSES....................	1 —
LA VERTU DE ROSINE.....................	1 —

Format in-8° cavalier

DES DESTINÉES DE L'AME.................	1 —
LES MAINS PLEINES DE ROSES, PLEINES D'OR ET PLEINES DE SANG.....................	1 —

Paris, Imp. P. Mouillot, 13, quai Voltaire — 22272

LES AMOURS

DE

CE TEMPS-LA

PAR

ARSÈNE HOUSSAYE

NOUVELLE ÉDITION

PARIS
CALMANN LÉVY, ÉDITEUR
ANCIENNE MAISON MICHEL LÉVY FRÈRES
3, RUE AUBER, 3

—

1881

Droits de reproduction et de traduction réservés.

LA MARQUISE DE PARABÈRE

I

LES VENDANGES

Les courtisanes de l'antiquité païenne étaient savantes, plus savantes encore qu'amoureuses. La gaie science dont parle Montaigne est la seule permise aux lèvres des femmes. Aspasie a beau me parler de l'âme immortelle avec l'éloquence de son disciple, le divin Platon, je n'écoute que des yeux. Si madame de Parabère était là, je lui trouverais plus d'esprit.

Le premier trait d'esprit d'une femme, c'est sa figure ; le second, c'est son cœur. Les femmes du XVIII° siècle n'avaient rien appris, mais elles savaient aimer et elles étaient belles. Sous la Régence c'était comme une moisson aimée du ciel et du soleil : ou plutôt les femmes étaient belles sous la Régence, sous madame de Pompadour et sous Marie-Antoinette, parce qu'elles voulaient être belles, les unes par la galanterie, les autres par la grâce; celles-là par la passion, celles-ci tout simplement par la beauté. L'art qui avait révélé Coustou et Watteau jouait un grand rôle dans l'ajustement et dans l'air de tête. On corrigeait la nature qui n'avait pas assez de luxe ni de force pour se montrer toute simple. Ne pouvant être la Vénus de Milo, on devenait la bacchante de Sicyone.

Le plus vif contraste à opposer aux figures d'un siècle, ce sont les figures du siècle qui précède et du siècle qui suit. Qu'il y a loin de La Vallière ou de la Montespan à la Parabère ou à la Pompadour! l'amour change de caractère tous les cent ans. C'est toujours l'amour, mais ce n'est plus le même masque.

Démasquons la Parabère.

C'est après souper, en 1717, un soir d'automne, au château de Saint-Héraye.

M. de Parabère et son ami, M. de Gacé, avaient chassé dans la forêt de Carmelles, dans le seul but de tuer le temps et d'avoir faim le soir. Madame de Parabère avait été du souper, mais comme une apparition. Elle n'avait pas chassé et n'avait pas faim. Elle s'était retirée dans sa chambre sous prétexte d'écrire trois ou quatre lettres (elle ne comptait pas) à sa mère, à sa sœur, à sa tante, qui n'attendaient pas de ses nouvelles.

Écoutons d'abord ce duo de buveurs dans un quatuor de bouteilles :

« Buvons ! s'écria Parabère.

— Buvons ! » s'écria Gacé.

Parabère essuya une larme, Gacé éclata de rire.

« Tu bois donc des larmes ? demanda Gacé au capitaine.

— Et toi, tu bois donc des chansons ?

— Oui, comme a dit le marquis de Sainte-Aulaire :

Le vin fait rencontrer le petit mot pour rire.
Le vin, quand il est bon, fait bien boire et bien dire.
Le vin fait que nos cœurs sont des livres ouverts,
En un mot, le bon vin, c'est la source des vers. »

Parabère écoutait avec enthousiasme.

« C'est bien dit. Buvons !

— Pourquoi pleures-tu ?

— Je pense que l'éternité sera une source de déboires, si on ne fait pas de vendanges au ciel.

— En attendant, couronnons-nous de pampres et de roses, comme les païens ; n'ayons des lèvres que pour les bouteilles et pour les femmes. »

Parabère appuya une bouteille sur son cœur.

« Ma femme s'ennuie.

— Ma maîtresse s'amuse.

— Tu la laisses courir le monde.

— Et toi, tu emprisonnes ta femme. Crois-moi, le mariage a ses fatalités : si tu dois être un Géronte en Chine, il faudra bien que tu conduises ta femme en Chine ; les femmes qu'on épouse, on ne les fait pas.

— Je ne suis pas si philosophe, s'écria Parabère. Je prétends être le mari et l'amant de ma femme, vertubleu !

— Tu commences à y voir bleu, c'est que tu as

trop bu : mauvaise futaille qui ne tient que chopine !

— Verse-moi cette bouteille. Boira bien qui boira le dernier.

— Jusqu'au jour du jugement, si tu veux.

— Mais ma femme, sacrebleu !

— Allons, te voilà bon à coucher sous la table. »

En effet, Parabère avait toutes les peines du monde à se tenir à table.

« Amphitryon, mon ami, dit Gacé, que vais-je devenir? car tu ne bois plus ! Si nous étions à Paris, j'irais dire des folies à l'Opéra ; mais ici, au fond des bois, dans un coupe-gorge peuplé d'hamadryades transies, je n'ai qu'à m'enfumer et dormir comme un Lapon.

— Buvons ! » dit Parabère en tombant sous la table, tout endormi déjà.

Gacé lui versa quelques gorgées de vin, comme on jette de l'eau fraîche à ceux qui se trouvent mal.

« Bois, mon ami !

— Ah ! murmura Parabère en pleurant, je

suis bien cruel d'avoir ainsi emprisonné ma femme. Mais je suis jaloux comme un tigre. A boire, Gacé !

— Attends, dit Gacé, je vais aller chercher un entonnoir ; ou plutôt puisque aussi bien nous sommes en vendange, je vais te porter dans la cuve qui bouillonne au pressoir. »

Gacé se leva et comprit qu'il n'était pas homme à aller bien loin. Il regarda Parabère et se mit à rire sans savoir pourquoi, selon sa coutume.

« Ivre-mort, dit-il, en faisant une croix sur son ami Parabère : *Ci-gît Parabère !* Si j'allais consoler sa veuve ? »

Cette idée passionna Gacé.

« Elle est belle comme un ange qui aurait été un démon. Mais, halte-là ! il paraît que c'est une vertu formidable, à bastions et à meurtrières ; elle lit Bossuet et parle du couvent... Tu chancelles, Gacé ! as-tu donc peur de la vertu ?... En avant ! »

Il franchit le seuil de la salle à manger, sans trop savoir encore s'il ne rebrousserait pas chemin. Il marcha en avant. Il rencontra du pied un valet de chambre qui dormait dans une antichambre.

« Holà ! L'Épine !

— Ce n'est rien, monsieur le capitaine, c'est que nous avons bu.

— Coquin, je t'ai appelé tout à l'heure.

— Je sais bien ; mais c'était au tour de La Rose à descendre à la cave. Voilà une heure qu'il y cherche son chemin. Je connais cela, c'est un vrai labyrinthe.

— Je vous ferai pendre tous les deux. »

Gacé allait toujours en avant.

« Monsieur le capitaine se trompe de porte.

— Pas un mot, ou tu es mort !

— Songez donc que M. de Parabère seul passe par cette porte quand le soleil est couché. »

L'Épine alla vers M. de Gacé avec un air d'inquiétude.

« Et encore, poursuivit-il, M. de Parabère n'y vient pas toutes les nuits ; par exemple, quand madame la marquise lit Bossuet. »

L'idée des périls de la tentative avait un peu dégrisé Gacé. Il se tourna vers L'Épine, le saisit à la gorge et lui ordonna, sous peine de mort, d'aller veiller son maître.

« Après tout, murmura L'Épine, cela ne me regarde pas. Je vais faire semblant de dormir. »

M. de Gacé ouvrit la porte avec un battement de cœur.

« Ce n'est pas cela, » dit-il en cherchant des yeux.

Il venait d'entrer dans la chambre d'Arabelle, une des femmes de la marquise. Cette fille dormait sur un fauteuil, tenant une clef à la main. Le bruit de la porte s'ouvrant et se refermant l'éveilla à demi, mais elle resta en proie à un songe.

« Je n'ai pas la clef, » murmura-t-elle.

Gacé sourit et lui prit doucement la clef.

Elle ne s'éveilla pas.

« Il paraît que cette coquine est une vestale qui défend l'entrée du temple à tout le monde, au mari comme aux autres. »

Gacé, s'étant approché d'une autre porte, reconnut la voix de la marquise.

« En vérité, elle lit Bossuet ; c'est une mauvaise préface au roman que je veux faire avec elle. »

Gacé chancela dans sa hardiesse. Il mit l'oreille à la porte et n'entendit plus que le silence.

« Elle dort : j'aime mieux cela ; je l'éveillerai si doucement qu'elle n'aura pas la force de se rendormir. »

Gacé mit la clef dans la serrure.

« Pourtant, voilà une entrée en matière un peu risquée. Encore, si j'avais quelque peu averti la marquise ! Mais n'a-t-elle rien compris à mes œillades idolâtres ? Ne lui ai-je pas dit vingt fois qu'elle était la plus belle? Dire à une femme qu'elle est belle, c'est lui faire une déclaration galante : car, si je vous trouve belle, marquise, c'est parce que je vous vois par mon cœur et que vous avez été faite pour mes yeux. »

Ainsi raisonnait M. de Gacé sur le seuil de la porte.

En 1715, le xviiie siècle venait de naître, car le xviiie siècle ne compte pas quatre-vingts ans :

1.

il commence à la Régence et finit à la Révolution. En 1715, on ne croyait plus guère qu'au paradis terrestre ; toutes les grandes dames, depuis la duchesse jusqu'à la financière, se bâtissaient, avec la grâce des oiseaux du bon Dieu, une retraite amoureuse toute pleine de tapisseries, de peintures, de miroirs et de fleurs. Les lambris et les plafonds, les glaces elles-mêmes, se couvraient de Cupidons et de bouquets. C'était le siècle des chaînes de roses. Le seul peintre de génie qui régnât alors se nommait Antoine Watteau.

Dans ces paradis terrestres des belles amoureuses de la Régence, les anges venaient quelquefois, trompés par les ailes de ces petits Amours sournois, qui, sous leurs ailes blanches, étaient de vrais mousquetaires. Mais les anges, dépaysés, n'étaient pas longtemps sans s'apercevoir qu'il n'y avait d'autre ciel que le ciel du lit dans ces paradis profanes.

Or, M. de Gacé avait ouvert la porte. Une petite lanterne chinoise (pendant que nous allions, par nos missionnaires, convertir la Chine à la religion catholique, la Chine nous convertissait à ses chinoiseries : magots, pots peints et lanternes), donc une petite lanterne chinoise, suspendue au plafond par une guirlande de roses, répandait dans la chambre de madame de Parabère une lumière mystérieuse, toute favorable aux songes amoureux.

Gacé ne s'amusa pas, comme un autre aurait pu le faire, à admirer la fraîcheur, l'esprit et l'éclat des peintures, œuvre de quelque Gillot insouciant de sa gloire, payé un ou deux sourires et trois ou quatre écus au soleil.

Il alla droit au lit et s'agenouilla, quoiqu'il n'eût pas l'habitude, dans son régiment, de dire ses patenôtres. Le lit était presque dans l'ombre; d'amples rideaux de damas, à peine soulevés par des torsades d'or, tombaient à flots du baldaquin.

« Puisque je suis à genoux, pensa Gacé, je vais faire un serment : je jure que madame de Parabère ne descendra pas de son lit pour me mettre à la porte. »

Gacé rehaussait ainsi son courage défaillant.

« En vérité, dit-il en saisissant le rideau, j'aimerais mieux passer le Rhin avec Louis XIV. »

Il souleva le rideau, se leva et se jeta éperdument sur le lit avec une secousse de cœur.

Mais madame de Parabère n'était pas dans son lit.

« Et pourtant, dit Gacé un peu confus, j'ai reconnu sa voix tout à l'heure.

Il écouta, tout en regardant la porte ouverte du boudoir.

« Martial, vous n'êtes pas raisonnable ; voilà vingt fois que je vous dis adieu. — Alors, vous me chassez ? — Songez donc qu'il vient de sonner trois heures. — Trois heures de joie inespérée, car je suis arrivé à minuit. — Adieu, revenez après-demain. N'oubliez pas la clef du parc. Voyons, Martial, vous m'arrachez la main ; allez-vous-en, que je ferme la fenêtre, car voilà que je m'enrhume. Adieu, adieu ; prenez garde aux espaliers. J'entends là-bas votre cheval qui hennit et qui piaffe. Pauvre enfant ! dix lieues à faire dans les bois. Adieu. — Adieu. Pour vous voir et vous baiser la main, je ferais le tour du monde ! »

La fenêtre du boudoir se referma.

« Il paraît, dit Gacé, que le roman que je voulais écrire était imprimé. »

Il se demanda ce qui lui restait à faire. Il y avait plus d'un parti à prendre ; le plus sage était de s'en aller. Gacé resta.

Quand madame de Parabère rentra dans sa chambre, elle vit un homme et poussa un cri. Gacé éclata de rire.

« Un de parti, un de revenu, » dit-il avec une pointe d'impertinence, tout en se tordant la moustache.

Madame de Parabère, à demi morte d'effroi, était tombée à la renverse sur son canapé.

« Madame, dit Gacé en lui prenant la main, je ne veux pas vous faire de la peine. Ordonnez et j'obéis. Je vous aime, mais je viens trop tard. Quand je me suis mis en campagne, le siége était fait. Mille compliments à Martial ; voilà un nom d'un bon augure. S'il lui faut une sous-lieutenance dans mon régiment, parlez... »

La marquise souleva ses paupières et laissa

tomber sur Gacé un de ces regards terribles et charmants dont les serpents ont le secret.

« Monsieur de Gacé, le marquis de Parabère vous a invité à venir boire son vin, mais non à venir prendre sa femme d'assaut ; vous violez les devoirs de l'hospitalité.

— Je suis un grand criminel, mais je suis amoureux.

— Croyez-vous donc que je n'aie pas envie de dormir ? Laissez-moi seule, ou j'appelle mes gens.

— Vous voulez donc vous perdre ?

— Me perdre ? c'est vous que je veux perdre. »

La marquise, tout à l'heure courbée sous sa honte, reprenait une attitude dégagée.

« Je ne comprends pas, dit Gacé. Quoi ! je suis témoin de votre galante aventure...

— Un galant homme, interrompit madame de Parabère, n'est jamais témoin dans une aventure où il y a une femme. Je n'ai donc rien à craindre de vous, tandis que vous avez tout à craindre de moi. Si j'appelle, mon mari se réveille et survient. Avant toute explication, il vous saisit et vous coupe la gorge ou vous jette par la fenêtre.

— La fenêtre ! s'écria Gacé en riant, c'est un chemin charmant, à la condition que vous me direz comme à Martial : « Prenez garde aux espaliers. »

— De grâce, assez d'esprit comme cela. Puisque vous étiez là quand il est parti, vous savez que je l'aime ; c'est mon crime, mais ce sera mon seul crime.

— Madame, dit Gacé en saluant d'un air sceptique, je reviendrai aux vendanges prochaines.

— Jamais ! Mon cœur m'a perdue, mais mon cœur me sauvera. Le jour où je n'aimerai plus Martial, j'irai m'ensevelir dans un couvent.

— Vous voulez dire que Dieu sera votre second amant ? Le vingtième, c'est possible ? mais le second, jamais ! Dieu, madame, c'est l'hiver qui recueille le pampre jauni quand les vendanges sont faites. Adieu, marquise, je garde la clef de votre chambre ; je reviendrai dans un an et un jour.

— L'impertinent ! » dit la marquise furieuse.

Gacé était parti. Madame de Parabère se promena avec agitation.

« Ah ! Martial ! dit-elle en soupirant, vous m'avez ouvert une porte dorée, mais c'est la porte de l'enfer. »

Elle souleva le rideau d'une fenêtre.

« Pauvre enfant ! dix lieues à faire par une nuit d'automne froide et pluvieuse ! Il me semble que j'entends dans mon cœur le galop de son cheval ! Ah ! si j'étais avec lui, comme je serais heureuse de tous les périls d'un enlèvement ! »

Cependant Gacé était retourné dans la salle à manger.

Parabère dormait toujours sous la table ; il l'appela d'une voix de tonnerre.

« Je suis là, dit le marquis.

— Tu ne sais pas boire, dit Gacé. Depuis que tu es sous la table, j'ai bu vingt et une rasades. Allons nous coucher : car, si jamais ta femme nous trouvait, quand viendra le jour, en pareille compagnie de bouteilles vides, elle ne te pardonnerait pas, ni à moi non plus. Est-ce que tu connais Martial ?

— Martial ! dit Parabère en se levant. Quel Martial ?

— Un Martial quelconque. Je ne sais pas. Cherche.

— Attends donc. J'ai un cousin dans les chevau-légers, Martial de Montluzun, un enfant qui est encore en nourrice. Quand les jours étaient plus longs, il venait quelquefois au château, car il est à Compiègne depuis la campagne. Qu'est-ce que tu veux faire de lui ?

— Rien, dit Gacé d'un air distrait. On m'a parlé de lui à la cour comme d'un garçon qui ferait son chemin.

— Allons donc ! il ne sait pas boire ! Or, quiconque ne sait pas boire une bouteille pour le coup d'étrier ne va pas loin.

— Ces pauvres espaliers ! » pensa Gacé.

II

SOUS LA RÉGENCE

Un an et un jour après cette aventure, Gacé avait encore la clef de la chambre de la marquise, mais la marquise n'était plus au château de Saint-Héraye.

Elle était veuve depuis onze mois, M. de Parabère étant mort de soif, dit la chronique.

« Sans doute, pensait Gacé en regardant la clef, elle pleure Parabère avec Martial dans quelque solitude amoureuse. »

Il vint à Paris pendant les fêtes du carnaval. Y avait-il un carême sous la Régence ? Gacé courut beaucoup le monde. Il fut présenté au Palais-Royal un jour de bal masqué. Le régent le convia au bal et au souper. Gacé se jeta éperdument dans les folies du bal, cherchant une aventure parmi toutes ces femmes, qui ne vivaient que pour l'amour.

Le régent se promenait dans les salons tout reluisants de lumières, de femmes et de diamants, comme un sultan dans son sérail. Combien peu de femmes montaient au Palais-Royal par la grande porte sans descendre par l'escalier dérobé ! Tout d'un coup un grand bruit se fit dans le bal, un grand bruit suivi d'un grand silence.

« Ah ! voilà madame la marquise de Parabère[1]. »

---

[1]. Voici comment la Palatine peint la Parabère :

« Mon fils a une sultane reine : madame de Parabère. Sa mère, madame de la Vieuxville, était dame d'atour près de la duchesse de Berry ; c'est là qu'il a fait sa connaissance. Elle est de belle taille, grande et bien faite ; elle a le visage brun et elle ne se farde pas ; une jolie bouche et de jolis yeux ; elle a peu d'esprit, peut-être, mais c'est un beau morceau de chair fraîche. »

Le duc d'Orléans menait une vie effrénée. « A ses soupers, dit Saint-Simon, était toujours une compagnie fort étrange : ses maîtresses, quelquefois une fille de l'Opéra, souvent la duchesse de Berry et une douzaine d'hommes, tantôt les uns, tantôt les autres, que sans façon il ne nommait jamais autrement que ses roués. La chère exquise s'apprêtait dans des endroits faits exprès, de plain-pied, dont tous les ustensiles étaient

Ce nom courut sur toutes les lèvres. Elle vint comme une reine, avec cent adorateurs sur ses pas. Gacé, confondu, voulut se précipiter au-devant d'elle ; mais il fut devancé par le duc d'Orléans qui baisa galamment la main de la marquise et la pria de danser avec lui le menuet de Louis XIV.

« Et Martial ! murmura Gacé, qui croyait rêver. Est-ce bien là madame de Parabère ? demanda-t-il à son voisin, M. de Riom.

d'argent; le duc d'Orléans et les autres mettaient souvent les mains à l'œuvre avec les cuisiniers. C'était en ces séances où chacun était repassé, jusqu'aux ministres, avec une liberté incroyable. M. le duc d'Orléans tenait son coin comme les autres. Tout était tellement barricadé en dehors, que, quelque affaire qu'il eût pu survenir, il était inutile de tâcher de percer jusqu'au régent. Ce qui est fort extraordinaire, c'est que ni ses maîtresses, ni madame la duchesse de Berry, ni les roués, au milieu même de l'ivresse, n'ont jamais pu rien savoir de lui de tant soit peu important sur quoi que ce soit du gouvernement et des affaires. Il vivait publiquement avec madame de Parabère. Il n'était pas pour se contenter d'une maîtresse : il fallait de la variété pour piquer son goût. Ce qu'il y avait d'heureux, c'est que ses maîtresses pouvaient fort peu de chose. »

Le comte de Caylus a, comme tant d'autres, publié ses souvenirs. Il faut laisser de côté ses impressions politiques; mais, pour le reste, il est çà et là curieux à feuilleter. Il a peint avec esprit certaines figures de la cour du régent, madame de Pa-

— Vous ne l'avez donc jamais vue? répondit Riom; car ce n'est pas là une beauté de carrefour : quand on l'a entrevue, on la sait par cœur.

— Vous parlez à un converti, dit Gacé, suivant toujours d'un regard surpris madame de Parabère.

La marquise était belle, cette nuit-là, comme Diane et Vénus, comme La Vallière et Montespan. Elle traînait, avec la grâce d'une reine,

rabère, par exemple. « Ce qu'il y a de plus singulier dans le caractère de madame de Parabère, c'est l'égalité de son amour; ce sentiment en elle a très-souvent changé d'objet, mais jamais son cœur n'a été vide un instant; elle a quitté, elle a été quittée; le lendemain, le jour même, elle avait un autre amant qu'elle aimait avec la même vivacité et le même aveuglement, car elle n'a jamais vu que par les yeux de son amant; du moment qu'elle l'avait choisi, elle ne voyait que ses amis et n'avait que ses goûts. Cette exactitude de soumission, prouvée par l'exemple de plus de vingt amants qui se sont succédé pendant le temps de ses amours, me paraît un événement singulier et plus rare, dans un degré aussi égal, que les exemples d'une constance d'un pareil nombre d'années ne le pourraient être. »

On peut dire que c'était de l'art pour l'art. Mais la marquise de Parabère n'a eu que deux amants aimés jusqu'à la passion : le régent et M. de Montluzun. Elle a aimé les autres entre parenthèses.

une robe des Indes à grands ramages, où Audran lui-même avait semé des roses. Elle était coiffée de ses cheveux. Elle avait eu la hardiesse de ne les point poudrer ; aussi brillaient-ils sur ses tempes de neige comme deux ailes de corbeau volant sur le givre des chênes. Elle n'avait ni rouge ni mouches, ce qui était aussi contre les bienséances ; mais elle était si belle et souriait avec des dents si blanches et des yeux si bleus, que tout le monde lui pardonnait, les femmes elles-mêmes, car les femmes ont le sentiment de l'art et l'amour du rayonnement ; elles aiment la beauté, le soleil, les fleurs et les diamants. C'était une féerie de voir passer au milieu des groupes étincelants cette femme si belle par le seul artifice de sa beauté, sans ornements et sans coquetterie.

« Belle de jour et belle de nuit, dit Riom à Richelieu qui passait.

— Savez-vous son histoire ? dit Richelieu en reconnaissant Gacé.

— J'en ai lu une page, dit le capitaine.

— Dites-nous-la, car ici on sait bien où va

la marquise, mais on ne sait pas d'où elle vient. »

Gacé raconta son duo avec Parabère et toucha très-délicatement à l'histoire des espaliers.

« Il paraît, dit Riom, qu'elle est née en Bretagne, vers la fin du siècle. On l'a mariée à cette brute de Parabère sans qu'elle y prît garde. Parabère était jaloux comme tous les prédestinés. En mourant, il a fait son devoir. La voilà dans toutes les joies du veuvage, conjuguant sur tous les modes le verbe *régenter*. Le régent l'a régentée, elle régentera tout le monde.

— Je me mets sur les rangs, dit Richelieu. Quelle charmante maîtresse d'école ! Elle apprendrait l'hébreu à M. de Cupidon.

— Mais enfin, reprit Gacé, expliquez-moi comment la marquise est venue ici.

— C'est tout simple, dit en passant un joli masque d'un air mystérieux : les papillons viennent toujours se brûler à la lumière ; ou plutôt les pâles fleurs de la province viennent s'épanouir au soleil de la cour.

— Ce que vous dites là, beau masque, nous le

savions. Vous faites des almanachs qui expliquent le passé.

— Vous ne me laissez pas finir, reprit le masque. Je sais tout, l'avenir par le passé. Voici le passé : Madame de Parabère était avant-hier à la présentation chez la duchesse. Son carrosse avait fait du bruit à la porte, car elle a des chevaux anglais et des écussons peints par Watteau. Le régent se trouve toujours à la présentation quand il y a de belles femmes. La dame a de l'esprit, et du meilleur, car elle ne le sait pas. Quand elle se leva pour partir, le régent, contre son habitude, la voulut conduire à son carrosse. Il lui prit la main sur le marchepied. Elle était charmée et confuse de tant de bonne grâce ; elle laissa sa main une seconde en rougissant de plaisir et d'embarras. C'en était fait de la vertu de madame la marquise de Parabère. Comme elle se blottissait dans le fond du carrosse, le régent s'élança près d'elle, ferma la portière, et fouette cocher ! Où allèrent-ils ? Je ne sais pas. Mais la marquise a sur son éventail l'*Embarquement pour Cythère.* »

Richelieu avait reconnu la voix de celle qui parlait.

« Madame de Sabran, lui dit-il à l'oreille, si vous voulez, nous nous embarquerons aussi. »

La comtesse s'enfuit dans les groupes, soit qu'elle craignît d'être reconnue, soit qu'elle cherchât à être poursuivie.

Gacé et Riom se promenèrent dans les salons. La duchesse de Berry, déguisée en odalisque, survint et entraîna son lieutenant des gardes. Gacé se trouva seul.

Il alla de groupe en groupe pour entendre parler de la marquise, car tout le monde parlait de madame de Parabère. Ce qu'on disait, il le savait déjà, et n'écoutait plus que le bruissement de la fête et la gaieté des violons, quand sa curiosité fut ressaisie par les reparties animées de deux jeunes gens qui se querellaient pour la marquise dans l'embrasure d'une fenêtre.

« Je vous dis, s'écriait le plus bruyant, que c'est une infamie. Elle s'appartient, mais notre nom ne lui appartient pas. Qu'elle se donne au régent, c'est bien ; mais non pas sous le nom de Parabère, entendez-vous, monsieur de Montluzun ?

— A merveille, dit Gacé, je retrouve ici tout mon monde ; voilà Martial. »

Le jeune chevau-léger était pâle et triste comme un amoureux au désespoir.

« Vous êtes ridicule avec votre nom de Parabère, dit-il à l'autre d'un air hautain, en homme qui cherche une affaire. Est-ce que vous voulez que ce beau nom soit canonisé ?

— Point de railleries ! dit le neveu de Parabère.

— Je veux rire ! s'écria Martial. M. de Parabère, votre vertueux oncle, qui est mort ivre après avoir été longtemps ivre-mort, a donné son nom à sa femme ; elle est dans son droit de porter ce beau nom, même à la cour.

— Comme il lui plaira, mais il me reste une ressource. Je lui écrirai demain que, si elle persiste à porter mon nom, j'en prendrai un autre, celui de mon laquais.

— Je vous défends de faire cela ! dit Montluzun en élevant la voix.

— Eh bien, dit Godefroy de Parabère, allez

demain à midi au petit lever de la marquise ; vous verrez si j'ai obéi.

— C'est une lâcheté ! dit l'amant de madame de Parabère. Godefroy, vous me connaissez, je vous couperai la gorge.

— C'est convenu, dit Godefroy, mais après la lettre.

— Non, avant la lettre. »

A cet instant, madame de Parabère vint droit à Gacé, qui se tenait à quelque distance des deux batailleurs.

« Monsieur de Gacé, lui dit-elle avec son charmant sourire plus que jamais dédaigneux, je vous attends demain à mon lever.

— Où ? demanda Gacé avec un peu d'impertinence.

— Vous le savez bien, dit-elle. Je passe la saison au Palais-Royal. »

Tout à coup la marquise pâlit et chancela sur son joli pied, chaussé de roses blanches : elle avait aperçu M. de Montluzun.

« Martial ! murmura-t-elle ; je le croyais en Languedoc. »

Elle disparut comme par enchantement.

« Et pourtant, pensait-elle en se cachant le front dans sa main comme si la lumière l'eût offensée, mon cœur m'avait bien dit qu'il n'était pas loin. Il ne faut pas que ce pauvre enfant me voie ; il aura demain une lieutenance pour la Bretagne ou pour le Périgord. »

Mais M. de Montluzun avait suivi madame de Parabère.

« Oh ! madame ! madame ! dit-il d'une voix étouffée en s'inclinant devant elle, blanc comme une statue.

— Martial, pas un mot de plus. J'ai voulu vous sauver d'une passion fatale.

— Madame, madame, ne profanez pas la religion de mon cœur ; dites que vous ne m'aimez plus, au moins je croirai que vous m'avez aimé.

— Je ne crois à l'éternité que dans le ciel. La terre tourne, j'ai tourné. Vous n'étiez pas là, j'ai marché sans vous. Adieu, Martial. Oublions ! L'avenir vous appelle.

— Ce qui m'appelle, madame, c'est le passé.

Je n'oublierai pas, moi. Adieu, madame. »

M. de Montluzun s'inclina tristement, avec la dignité des souffrances du cœur.

Madame de Parabère, qui essayait d'étouffer un souvenir tout vivant encore, faillit s'évanouir.

« Martial ! » murmura-t-elle d'une voix qu'il connaissait bien.

Il se laissa prendre et fit un pas vers elle ; mais, dans cet intervalle d'une seconde, un autre souvenir avait combattu Martial. Madame de Parabère croyait encore aux joies de son triomphe à la cour. La beauté parla plus haut que le cœur ; M. de Montluzun, qu'elle aimait encore, fut sacrifié au duc d'Orléans, qu'elle n'aimait pas encore.

« Martial, répéta-t-elle, mais d'une voix que ne connaissait pas Martial, souvenons-nous, mais adieu ! »

M. de Nocé passait alors ; elle lui prit familièrement le bras en lui disant :

« Conduisez-moi vers le régent.

— Si j'ai bien compris, dit M. de Nocé, c'est une grâce qu'on vous demandait. Voilà les prérogatives du trône, car vous êtes la reine aujourd'hui.

— Oui, répondit madame de Parabère en soupirant, vous avez bien compris : on me demandait une grâce, et, comme je suis la reine *aujourd'hui*, je me suis hâtée de l'accorder : car qui sait si je serai ici *demain ?*

— Toujours ! » s'écria M. de Nocé.

Au souper, tout le monde fut joyeux. Le régent était un philosophe qui s'amusait pour toute la France. Ses maîtresses de la veille, mesdames de Sabran et de Falaris, prenaient gaiement leur revanche, ayant trop d'esprit pour pleurer, espérant d'ailleurs reconquérir le trône. Madame de Parabère se laisssait aller au vent, voiles tendues, bravant les tempêtes. Elle aimait l'imprévu, fût-il semé d'abîmes. Au dessert, Richelieu chanta les couplets de La Fare. Fontenelle, qui était là, fit un parallèle des anciens et des modernes, pour donner raison aux modernes à propos de beauté, de danses et de chansons.

Madame de Parabère ne dormit guère. Le duc

d'Orléans lui avait arrangé avec un goût frivole un appartement au Palais-Royal, s'ouvrant de plain-pied sur le jardin. Toutes les folies du luxe à la mode étaient amoncelées dans sa chambre à coucher, son salon et son boudoir. Le régent n'avait pas oublié l'oratoire.

Madame de Parabère, en s'éveillant, appela ses femmes, glissa ses pieds dans des mules persanes destinées à des pieds d'enfant, et alla interroger une pendule, vrai bijou de Saxe, représentant les trois Grâces avec le caractère coysevoxien des Grâces de la Régence.

Il était midi.

Deux femmes entrèrent, l'une apportant la guenon de la marquise, l'autre une robe ouverte et des peignes. Dès que la robe fut passée, la marquise, qui se savait belle au matin, elle avait à peine vingt-quatre ans, dit qu'on pouvait ouvrir la porte à M. de Gacé.

En effet, Gacé attendait depuis une heure ; la marquise ne doutait pas qu'il ne fût là.

« Eh bien, monsieur de Gacé, quel temps fait-il aujourd'hui ?

— Madame la marquise, je n'ai pas vu le temps, je n'ai vu que vous, car je voyais en moi.

— Quel joli galimatias ! Arabelle, prends garde, tu m'arraches les cheveux. »

Arabelle adoucit les caresses du peigne.

« Monsieur de Gacé, asseyez-vous sur le sofa, à côté de ma guenon. N'est-ce pas qu'elle est jolie ? »

M. de Gacé garda le silence. Il ne savait quelle figure prendre ; il respirait avec des battements de cœur l'air tout imprégné d'amour qui était répandu dans la chambre.

« A propos, monsieur de Gacé, vous m'aviez promis de revenir au bout d'un an et un jour, comme dans les contes de fées. Vous m'avez oubliée.

— C'est une coquetterie cruelle, madame. Tant que vous étiez la femme de Parabère, je pouvais nourrir mon ambition, car je valais mieux que lui ; mais vous êtes devenue veuve, mon ambition est tombée.

— Voilà qui est très-délicatement dit. Voulez-vous vous marier ?

— Plus ou moins. Est-ce que vous avez quelque cousine résignée à mes folies ? »

Madame de Parabère se tourna vers M. de Gacé, et lui dit d'un air curieux et railleur :

« Est-ce que vous avez gardé la clef ? »

Gacé prit la clef dans son habit.

« La voilà, madame. Vous voyez qu'elle n'est pas rouillée. »

La marquise sourit.

« Une autre fois, poursuivit Gacé, quand je serai entré quelque part, je resterai.

— Et vous aurez raison, monsieur de Gacé : il ne faut pas donner un an de trêve à son ennemi. »

Un laquais apporta deux lettres sur un plat d'argent ciselé à Florence. La marquise regarda les deux cachets à diverses reprises, tout en se demandant quelle lettre il fallait lire avant l'autre. Elle avait reconnu les armes de Martial ; elle réserva sa lettre et décacheta l'autre.

« Madame,

» Vous avez déshonoré notre nom ; les hommes

de cœur ne le voudront plus porter : voilà pourquoi je signe pour la dernière fois

» Godefroy de Parabère. »

Un nuage passa sur les yeux de la marquise.

« Oh ! si j'étais un homme ! murmura-t-elle en froissant la lettre.

— Madame, dit Gacé, vous avez un homme sous la main.

— Eh bien, oui, dit-elle avec colère, je vous donnerai une épée, et je vous montrerai le cœur qu'il faut frapper. »

Elle avait ouvert la lettre de Martial :

« Quand vous recevrez cette lettre, madame, vous serez vengée : Godefroy de Parabère sera mort, ou mon cœur ne battra plus.

» Martial de Montluzun.

Madame de Parabère renvoya ses femmes.

« Adieu, monsieur de Gacé ; il me faut une heure de solitude.

— Adieu, madame. N'oubliez pas que j'attends une femme de votre main.

— Oui, oui, dans un an et un jour, dit la marquise d'un air insouciant, pour cacher la blessure de son cœur. Vous pouvez commander les violons. »

Quand la marquise fut seule, elle tomba agenouillée et pria Dieu pour M. de Montluzun.

« Hélas! dit-elle, c'est pour moi qu'il faut prier. J'ai le pressentiment qu'il s'est fait tuer par ce fier-à-bras de Godefroy. Bienheureux, bienheureux ceux qui meurent ainsi pour une belle action, dans toutes les croyances de vingt ans! »

On annonça le duc d'Orléans. Madame de Parabère essuya ses larmes et marcha à sa rencontre avec le sourire d'une sultane qui n'a jamais écouté battre son cœur.

« Ah! marquise, comme vous êtes belle ce matin!

— N'est-ce pas? dit-elle de sa voix la plus vibrante. Je suis belle parce que je vous attendais... O Martial ! où es-tu ? — poursuivit en elle-même madame de Parabère.

— Vous êtes belle comme un soleil levant, continua le duc d'Orléans.

— Oui, le soleil levant ; mais ici le soleil se couche de bonne heure. »

Le régent avait saisi la main de la marquise.

« Pauvre Martial ! je voudrais qu'on m'enterrât avec lui.

— Que murmurez-vous donc là, marquise ? Est-ce que vous dites vos pâtenôtres ?

— Les patenôtres de l'amour.

— Vous savez que Santerre doit venir tout à l'heure pour nous peindre en Adam et Ève.

— Dans le paradis perdu ?

— Perdu ou retrouvé, c'est toujours le paradis, surtout quand madame Ève s'appelle madame de Parabère.

— Oui, mais Ève a mangé les pommes ; l'arbre n'est plus que l'arbre de la science.

— La science de l'amour.

— La science de la mort.

— Est-ce que nous allons faire l'oraison funèbre de notre aventure ? Marquise, je vous ferai peindre aussi en Minerve. Je vois bien que vous serez tout à la fois Mentor et Calypso au Palais-Royal.

— Oui, la sagesse et la folie. »

Santerre survint ; il ébaucha le même jour les deux célèbres portraits de madame de Parabère, avec cette touche chastement voluptueuse qui anime toutes les créations de ce peintre charmant, imprégné de grâce antique. En voyant la Minerve qui allait régner si impérieusement au Palais-Royal, le régent dit qu'il ferait réformer par le parlement le Jugement de Pâris, qu'il donnerait une pomme à Minerve et une pomme à Vénus.

« Je viens de faire une découverte, dit la marquise de Parabère, qui avait un peu d'histoire ancienne : la pomme de Vénus, la pomme d'Ève, c'est toujours la pomme. »

III

LES DÉSESPOIRS DE PHILIPPE D'ORLÉANS

Bien des jours se sont passés. De quel côté le vent souffle-t-il à la cour? Le régent est toujours amoureux, mais quelle est la reine du jour? Hier, il a soupé avec madame de Parabère, madame de Sabran, madame de Falaris et quelques autres ; mais il doit souper avec une nouvelle venue, madame d'Averne, « une coquine qui fait argent de sa beauté ». Le régent a donné à son mari une capitainerie aux gardes ; aussi le mari, versant des larmes de reconnaissance, est-il venu offrir au régent de garder sa femme avec sa troupe, afin que nul autre que monseigneur n'en approchât.

Madame de Parabère est à la Muette : elle n'a pas encore oublié Martial; mais Martial, après avoir tué en duel Godefroy de Parabère, s'est enfui aux grandes Indes. M. de Gacé est marié, mais il n'est pas l'amant de sa femme. Le régent passe au château de la Muette, en compagnie de la marquise, le mardi et le mercredi de chaque semaine ; mais madame d'Averne, jouant les fureurs d'Hermione, ne veut plus que le duc d'Orléans aille à la Muette « s'enivrer aux orgies de la Parabère ». Le régent a juré qu'il n'irait plus.

« On n'a jamais vu une passion semblable, a dit madame d'Averne. Voilà deux ans que cette femme vous fait tourner la tête.

— C'est vrai, dit le régent ; mais j'ai souvent tourné la tête de l'autre côté.

— Si vous revoyez cette femme, s'est écriée la nouvelle favorite avec désespoir, je retourne à mon mari.

— Calmez-vous, je ne veux pas vous condamner à une pareille extrémité : j'exile madame de Parabère. »

Le lendemain, le carrosse à quatre chevaux de la marquise l'emporta comme le vent de la Muette au Palais-Royal. Le duc d'Orléans refusa de la voir, mais elle arriva jusqu'à lui.

« Monsieur le duc, vous me chassez comme une courtisane !

— Que voulez-vous, marquise ? nous n'avons plus rien à nous dire. Songez donc qu'il y a deux siècles que nous nous adorons.

— Ah ! vous ne m'avez pas aimée.

— Thésée n'a jamais tant aimé Ariane.

— Je ne partirai pas.

— Je vous ferai enlever. J'en connais plus d'un qui se chargera de l'entreprise ; car ce n'est pas moi qui ai une cour, c'est vous. Voulez-vous être enlevée par Nocé ou par Nangis ?

— Je vous dis que je ne partirai pas ; je verrai tout à l'heure le jeune roi, qui prendra mon parti.

— C'est vrai, vous l'avez bercé sur votre sein. Il m'a avoué que c'était là qu'il avait appris l'amour. »

Le régent, qui était de tous les amoureux le plus fantasque, changea de ton et saisit la main de la marquise.

« C'est là aussi que j'ai appris l'amour :

car, avant de vous rencontrer, je n'avais pas aimé.

— Et vous me chassez?

— Je vous rappelle. »

Madame de Parabère montra au régent la lettre d'exil. Il prit la lettre et la déchira

« Oubliez cela, marquise : je vous sacrifie cette coquine.

— Hélas! dit madame de Parabère d'un air de doute, voilà cent fois que vous me faites de pareils sacrifices. L'an passé, je régnais pendant un jour; aujourd'hui, je n'ai pas une heure par jour.

— Retournez à la Muette, et attendez-moi à souper; vous verrez si je vous aime encore. A ce soir. Je vais au conseil : nous avons à expédier vingt lettres de cachet pour exiler ceux qui renouvellent l'appel au futur concile. Nous ne ferons plus de politique ensemble, marquise ; vous m'avez fait rendre un arrêt contre la compagnie des Indes qui m'empêchera plus d'une fois de dormir. A ce soir, en tête à tête, à la condition que vous serez de belle humeur. »

Madame de Parabère sortit d'un air de triomphe ; elle fut reconduite à son carrosse par M. de Nocé.

« Où allez-vous ? lui demanda-t-il enfin quand elle fut montée.

— Je ne sais pas, » répondit-elle.

La marquise était pensive.

« Écoutez, monsieur de Nocé, faites un mystère de ce que je vais vous dire : écrivez à madame d'Averne que je l'attends ce soir à la Muette pour lui dire adieu et lui remettre mon testament.

— Quelle est cette comédie ?

— Pas un mot ; demain vous saurez tout. »

Le soir, le régent et madame d'Averne se rencontrèrent à la porte du chateau.

« Ah ! je vous y surprends ! dit madame d'Averne irritée.

— Madame, dit le régent, redevenu amoureux de madame de Parabère, je ne suis pas venu ici pour vous répondre. Si vous avez à parler à la marquise entrez, et retournez bientôt à Paris. »

Madame d'Averne comprit qu'elle n'avait pas à répliquer. Ils entrèrent tous deux.

« Où est la marquise ? demanda le régent.

— Elle n'est pas revenue de Paris, répondit une de ses femmes.

— Qu'un piqueur aille au-devant d'elle, reprit le régent inquiet. — Pourquoi êtes-vous venue ? poursuit-il en s'adressant à madame d'Averne.

— Parce que M. de Nocé m'a dit que la marquise m'attendait pour me faire ses adieux et me donner son testament.

— Son testament ! »

Le régent sentit un coup dans le cœur. Il appela et courut sur le perron, pour voir si madame de Parabère ne revenait pas.

« Madame, dit-il à madame d'Averne, prenez garde ! si tout à l'heure elle ne revient pas, je suis capable de vous tuer : car c'est cette fatale lettre d'exil que vous m'avez arrachée qui l'a conduite aujourd'hui à Paris. »

Madame d'Averne baissa la tête et n'osa répondre. La perplexité s'était répandue par tout le château. Madame de Parabère était adorée ;

tout le monde attendait avec anxiété depuis que le régent était là. Tout à coup le galop d'un cheval retentit. Le régent descendit l'escalier, au grand scandale de madame d'Averne. On apportait une lettre.

« Adieu, madame, dit le régent à madame d'Averne en lui montrant la lettre ; ceci ne vous regarde pas.

— Qui sait ? vous ne l'avez pas lue. Puisque je suis appelée ici, c'est qu'il y a une raison pour cela. Voyez plutôt. »

Le duc d'Orléans essuya son front et lut d'une voix émue :

« Prince,

» Maintenant que je suis libre de rester, je pars. Ce n'est plus vous qui m'exilez, c'est moi-même. Il ne faut pas, dit le proverbe, boire ensemble jusqu'à la dernière goutte ; car, après tant d'ivresses coupables, la dernière goutte est une larme amère. Croyez bien qu'il m'eût été doux de souper avec vous au château et de m'endormir encore dans vos rêves ; mais je me serais réveillée... Je ne veux plus me réveiller que pour Dieu... Vous m'avez trop de fois déjà bannie de votre cœur pour que je ne me bannisse pas du monde où vous êtes. Tout ce que j'attendais de vous ce matin, c'est une réparation. J'avais peur de votre mépris ; mais j'ai retrouvé votre cœur, votre cœur, qui est à toutes, mais qui est à moi plus qu'à aucune autre. Vous m'avez dit d'aller vous attendre. Je vais vous attendre, mais sans doute dans la mort. En attendant ce dernier rendez-vous, j'ai encore à verser devant Dieu, pour vous comme pour moi, toutes les larmes et toutes les prières de mon cœur. Adieu ! je vous envoie madame d'Averne, qui vous fera oublier ce soir

» MARIE DE LA VIEUXVILLE DE PARABÈRE. »

« Ce soir ! Jamais ! dit le Régent à madame d'Averne. Allez, madame ; retournez à Paris : moi, je reste seul. »

Madame d'Averne comprit, toute bête qu'elle fût, qu'elle était vaincue dans cette lutte où madame de Parabère apportait son cœur dans un adieu éloquent. Elle s'inclina devant le régent et partit avec dignité. Si elle eût rencontré la marquise, elle se fût jetée, comme une tigresse, à sa figure pour la déchirer.

Dès que le régent fut seul, il s'abandonna à sa douleur avec son expansion accoutumée.

« Elle reviendra, dit-il en marchant à grands pas, car c'est elle seule que j'aime. Elle a emporté ma vie en s'en allant. »

Dans son reflux amoureux vers le souvenir de la marquise, le régent voulut lui rendre le culte de passer la nuit au château pour la pleurer.

« On me servira à souper, dit-il aux gens de la marquise. Je veux souper seul et ne recevoir qui que ce soit. En soupant seul, pensait-il, je croirai qu'elle est là. »

La nuit était venue ; sa tristesse s'assombrissait de plus en plus ; il pleura comme un enfant. Quand il se mit à table, il n'eut pas le courage de manger. Il regarda autour de lui.

« Ah ! marquise ! » dit-il d'une voix déchirante.

Et il pleura encore. Mais il n'était pas homme à creuser sa fosse avec le cri des trappistes. Il ne disait jamais : « Frère, il faut mourir ! » tant il se croyait loin de l'éternité. Il ne mangea pas, mais il but coup sur coup quelques verres de vin de Constance ; après quoi, prenant une résolution subite, il s'écria :

« Je ne me consolerai jamais ici... Qu'on me conduise chez la Falaris. »

IV

QUAND ON A DEUX AMANTS

Cependant madame de Parabère arrivait au château de Saint-Héraye. Tout en fuyant le monde, elle conservait dans son cœur tous les souvenirs du monde. Elle croyait que Dieu était déjà son refuge, mais elle ne pensait pas encore à Dieu. C'était la première fois qu'elle retournait au château depuis la mort de M. de Parabère ; elle y arriva seule avec Arabelle : elle croyait entrer dans un tombeau. C'était la nuit ; sa lampe lui sembla une lampe de sépulcre. Tous les ornements de sa chambre étaient couverts de crêpe contre l'humidité et la poussière : elle crut voir des linceuls.

« Cependant c'est là qu'il est venu ! »

Ainsi, à l'heure où le régent la pleurait encore, madame de Parabère avait déjà oublié le régent. Elle demanda à la jardinière du pain noir et des fruits ; elle prit ce frugal repas sur sa cheminée en se chauffant les pieds, pendant que le régent se versait à sa table du vin de Constance.

« Est-il encore à la Muette ? » se demanda-t-elle.

Elle sourit avec un accent vainqueur

« C'est moi qui l'ai quitté ; la d'Averne en sera témoin. Je connais le régent ; il est capable de lui dire de s'en aller. Il est vrai que demain il lui dira de revenir. »

Madame de Parabère se laissa aller au flot envahissant des souvenirs d'autrefois. Sa chambre était éloquente et lui parlait de Martial. C'était là, devant cette cheminée, qu'un soir il était tombé agenouillé et suppliant. Ce bouquet flétri qu'un coup de vent réduirait en poussière, c'était Martial qui l'avait laissé. Ce livre encore ouvert à la page brûlante, c'était Martial qui l'avait lu de sa voix vibrante et passionnée. Martial était partout. La marquise alla ouvrir avec une émotion plus vive la porte du boudoir, et s'avança toute chancelante vers la fenêtre aux espaliers.

« Ah ! dit-elle en soulevant le rideau, pourquoi ne suis-je pas morte la dernière fois qu'il est venu ! »

Elle regarda dans le parc.

« C'est cela, l'automne, les feuilles bruyantes sous le vent et sous les pieds ; la lune, si douce et si triste, qui revient toujours : la lune ! elle est la dernière au rendez-vous ! »

Elle appuya son front contre la vitre.

« C'est par cette sombre allée qu'il arrivait ; j'entendais, quand le vent venait de là, le galop de son cheval sur la colline ; je voyais le feu jaillir de ses pieds. Il semblait que le cheval fût amoureux lui-même, tant il courait vite. »

Elle ouvrit sa fenêtre, de plus en plus sous le charme des souvenirs.

« Mon Dieu ! » dit-elle en portant la main à son cœur.

Elle entendait un galop impétueux sur la colline.

« Quelle folie ! dit-elle ; je croyais que c'était lui. Pauvre enfant ! s'il n'est pas mort, il a souffert mille morts. Ceux-là qui partent amoureux pour les grandes Indes ne reviennent jamais en France. »

La marquise s'appuya sur la balustrade de la fenêtre et donna une larme à Martial. Sans y penser, elle avait toujours les yeux fixés sur la sombre allée de tilleuls. Tout à coup elle poussa nn cri et tomba évanouie.

« Madame ! madame ! ne vous effrayez pas; c'est moi. »

M. de Montluzun fut dans le boudoir aussitôt que ses paroles.

« Marie ! Marie ! revenez à vous pour que je meure à vos pieds ! »

Martial emporta la marquise dans sa chambre devant la cheminée. Il la tenait debout sur son cœur, éperdu dans sa joie. Elle ouvrit ses beaux yeux.

« Martial, dites-moi que je ne suis pas folle ou que je ne rêve pas. C'est impossible, ce n'est pas vous !

— Ce n'est pas moi ! Mais vous ne savez donc pas que, depuis deux ans, depuis que je suis condamné à la Bastille pour ce duel, depuis que vous me croyez parti pour les grandes Indes, vous ne savez donc pas que je vous ai vue presque tous les jours! Ah! je croyais que votre cœur ne me sentait pas si loin! Enfin, vous êtes revenue au château. Je vous attendais là, madame.

— Oui, dit-elle tristement, c'est ici que j'ai vécu, c'est ici que je vais mourir. Martial, quand je serai morte, me pardonnerez-vous?

— Madame, si vous parlez de la mort, c'est parce que vous me revoyez.

— Non, Martial ; c'est parce que je sens la mort dans mon cœur. J'ai vingt-six ans : c'est à vingt-six ans que ma mère est morte. »

Une seconde fois madame de Parabère s'évanouit. Cette fois, M. de Montluzun ne put la rappeler à elle. Il perdit la tête et sonna. Comme personne ne venait, il cria de toutes ses forces. Enfin Arabelle, endormie encore, arrive. En voyant Martial, elle poussa un cri d'effroi.

« Un médecin! » dit-il.

La marquise entr'ouvrit ses yeux.

« Non, dit-elle, pas de médecin, un prêtre. Tout va finir ! »

Elle pressa la main de Martial, se détacha de ses bras et se coucha sur son canapé.

« Quoi ! madame, j'arriverais pour vous voir mourir !

— Oui, Martial, je vais mourir ; ne nous en plaignons pas. On ne renoue pas une chaîne de roses quand les feuilles sont flétries. Emportons le souvenir d'autrefois.

— Mais vous n'étiez pas malade ! dit Martial sans l'écouter.

— Je n'étais pas malade ! est-ce que j'avais le temps d'être malade ? A force de sourire à la cour, j'avais fini par croire à mon sourire, à ma joie, à ma gaieté. Les fêtes et les soupers m'ont tuée à moitié ; mon cœur a fait le reste ! car, pourquoi ne pas vous le dire, Martial ? je vous ai toujours aimé. »

M. de Montluzun pleurait en silence.

« Maintenant que j'ai fait ma confession, vous allez me quitter, Martial ; je veux être seule en face de la mort, car je veux avoir le temps de me repentir.

— Non, madame, je ne vous quitterai pas. Si vous mourez, je prierai pour vous ; si vous vivez, je vivrai pour vous. Songez donc que je vous attends depuis deux ans. J'ai compté les jours, les nuits, les heures du jour, les secondes de la nuit. Ah ! quel enfer ! mais je voyais le paradis !

— Pauvre enfant ! Et comment êtes-vous venu ce soir ?

— Votre laquais me coûtait cent louis par an. Rappelez-vous son habitude de s'arrêter en chemin sous mille prétextes : c'était pour m'écrire où vous alliez ; cent fois j'ai failli me jeter à vos pieds à la Muette, mais j'aurais tout perdu. »

Le médecin de Saint-Héraye venait d'arriver. Il secoua tristement la tête en voyant les lèvres et les yeux de la marquise.

« J'avais demandé un prêtre, dit-elle : car je sens que demain, si je respire encore, je ne saurai plus ce que je dirai. Cette dernière secousse m'a achevée. Le délire s'empare de ma tête. »

En effet, madame de Parabère avait été frappée d'un coup mortel en reconnaissant Martial sous la fenêtre du boudoir. On la coucha ; elle ne dormit pas, elle pria. Martial, penché au-dessus d'elle, chancelant sous la douleur, n'osait pas lui parler de son amour, qui était un culte. Par intervalles, elle semblait comprendre les souffrances de M. de Montluzun ; elle lui prenait la main et l'appuyait sur son cœur, qui battait avec violence.

Je ne dirai pas toutes les douleurs de cette agonie, qui commença cette nuit-là et dura cinq semaines.

Martial ne quitta pas la marquise ; mais elle était presque toujours toute à Dieu, même dans ses heures de délire. Trois jours avant sa mort, le médecin, parlant bas à Martial, lui apprit que le régent venait de mourir.

« J'ai entendu, » dit madame de Parabère.

Elle eut une crise terrible et tomba dans un silence inquiet et douloureux. En vain Martial lui parlait de la voix et des yeux, elle ne voulait pas répondre. Enfin, le jour de sa mort, après quelques heures de délire, elle appela Martial et lui dit en pleurant :

» Martial, vous ne me pardonnerez jamais quand je vous aurai dit toute la vérité.

— Parlez, madame, je suis résigné à tout.»

La marquise se souleva, sentant que ce qu'elle voulait dire allait étouffer.

C'était le soir : le soleil d'hiver répandait dans la chambre son pâle rayonnement; on entendait croasser les corbeaux sur la neige.

« Martial, dit madame de Parabère, déjà blanche comme le linceul qui allait l'ensevelir, je vous ai aimé, mais j'ai aimé le régent... Je vous aime encore ; mais je sens que, s'il m'appelle là-haut, j'irai à lui... »

Après avoir dit ces mots, madame de Parabère se cacha la figure et n'osa plus regarder Martial.

Il demeura plus d'une heure sans dire un mot et sans faire un mouvement, comprimant sa douleur en lui, comme dans une statue de marbre.

« Madame, dit-il enfin d'une voix pleine de sanglots, moi, je vous ai aimée, je vous aime, et je vous aimerai. »

Mais madame de Parabère n'entendait plus les voix de la terre, pas même la voix de Martial[1] !

---

[1]. J'ai dit ce roman de madame de Parabère selon la légende du temps. Ses annotateurs affirment que la marquise ne mourut pas de chagrin, et qu'elle se consola souvent du régent. On a même produit un extrait mortuaire qui lui donne une vieillesse toute biblique, comme à Marion Delorme. Qu'importe! si son cœur mourut de sa blessure.

L'ARBRE DE LA SCIENCE[1]

AVEC APPROBATION ET PRIVILÉGE DU ROI.

Ce roman dédié au paradis de mes yeux, à l'enfer de mon âme,
A la belle Symiane, l'arbre de science;
A son cœur le livre de la science;
A sa bouche le fruit de la science:
Arbre fertile entre les plus fertiles,
Livre défendu,
Fruit amer.

I

DE LA COUR DE LA BASTILLE

Sous la Régence, le marquis de Sombrevanes avait été à la cour et à la Bastille, deux prisons

[1]. Il y a quelques années, ce conte a paru, je ne sais pourquoi, sous le nom de M. de Voltaire. Ce qu'il y a de certain, c'est que je l'ai écrit il y a cent ans — quand j'étais l'ami de M. de Voltaire, — et que je l'ai trouvé, après ma mort, dans les papiers de ma succession.

qui se touchent de près. A la cour, il avait soupiré pour madame la marquise de Parabère ; il avait osé lui écrire sa façon de penser sur ses charmes ; à quoi M. le duc d'Orléans avait répondu par une lettre de cachet. A la Bastille, le marquis de Sombrevanes devint philosophe. Que pouvait-il faire de pis ? Il se mit à étudier les sages de la Grèce. De sage en sage, de système en système, de château de cartes en château de cartes, il traversa tous les âges en ramassant un chaos d'idées d'où il ne put faire jaillir la lumière.

A force d'étudier, il arriva bientôt à douter de son âme et de Dieu, il douta même de l'enfer, ce qui est bien plus grave.

Tout en revenant sur le passé, il se demanda pourquoi il avait eu le malheur de devenir philosophe. Il se souvint qu'un jour, au Palais-Royal, il s'était laissé prendre aux regards incendiaires de madame de Parabère ; il avait voulu mordre à belles dents à cette pomme amère ; mais monseigneur le régent de la dame et du royaume l'ayant surpris la bouche ouverte l'avait envoyé se mordre les lèvres à la Bastille.

II

LE VIOLON

J'ai rencontré à la Bastille le marquis de Sombrevanes. Quoique marquis, il était devenu raisonnable en quelques semaines de cette solitude. Je lui parlais philosophie, il me jouait du violon : nous nous entendions à merveille ; mais, un jour, il voulut me répondre sans violon ; il me dit que ses réflexions l'avaient conduit à cette idée de Socrate : *L'âme est corporelle et éternelle.*

« Jouez du violon, lui dis-je.

— C'est indigne d'un philosophe ! s'écria le marquis ; Socrate ne jouait ni de la flûte ni du violon.

— Prenez garde, monsieur le marquis ; vous êtes un philosophe catholique : or, les anges jouent du violon. Voyez plutôt les vieux tableaux italiens. »

Il me répondit en brisant son violon. Dès ce jour, nous ne nous entendîmes plus. J'en fus fâché, car jusque-là j'avais trouvé M. le marquis très-galant homme.

III

L'AMOUR ET LA PHILOSOPHIE

Le lendemain, un carrosse amena une belle dame à la Bastille ; c'était la baronne de la Chesnaie, dont plus d'un amant avait eu le bonheur de faire le malheur. Elle ne venait pas pour moi, mais pour M. le marquis.

« Que fait-il ? demanda-t-elle au gouverneur.

— M. le marquis pense. »

Elle ouvrit elle-même la porte du prisonnier.

« Ah ! c'est vous, Zulmé.

— Je viens d'apprendre une jolie nouvelle ! Cet imbécile de gouverneur m'a dit que vous pensiez. Les gens de qualité savent tout sans y penser ; il en est de l'esprit comme des titres, on en hérite. Eh bien, à quoi pensez-vous ? vous avez oublié de m'embrasser. »

Le marquis de Sombrevanes baisa la main de la baronne d'une bouche glacée.

« Voilà tout ! Ce n'était pas la peine, en vérité, de me lever à onze heures. Qu'allez-vous faire de votre liberté, pauvre oiseau sans ailes ?

— Ma liberté ! vous avez ma liberté ?

— Oui, en vérité, le régent est plus aimable que vous, car il me l'a rendue avec mille et mille galanteries.

— Allez, madame, allez vous faire régenter [1] ; car, pour moi, je n'aurai pas d'autre maîtresse que la philosophie. Si vous avez ma liberté, veuillez me la donner pour que j'aille étudier la sagesse humaine dans le château de Sombrevanes.

— Voilà votre liberté, dit la baronne en montrant un papier à demi caché par les roses de son corsage. Est-ce que vous prendrez les pincettes comme le roi Louis XIII, monsieur le philosophe ? »

Et madame la baronne, voyant que M. le mar-

[1]. Verbe actif — très-actif — sous la régence du duc d'Orléans.

quis ne se hâtait pas de prendre sa grâce autrement, devint rouge de colère, saisit le bouquet et le papier, les jeta aux pieds de feu son amant et lui dit avec un magnifique sourire de moquerie : « Adieu, monsieur le philosophe ! »

Quand le marquis fut sur la route de son château, il ne put s'empêcher de penser à son violon et à sa maîtresse.

« Pauvre violon ! comme il chantait bien pour la baronne ! Pauvre baronne ! comme elle écoutait bien mon violon ! »

Le marquis allait se remémorer tous les charmes incandescents de la baronne, mais il en était à peine à l'A B C de ce livre indéchiffrable que la voix de la philosophie lui cria : *Pécheur, rentre en toi-même !*

« Cependant, dit M. le marquis, j'aurais dû prendre galamment le bouquet et la lettre de grâce. »

IV

LA BIBLIOTHÈQUE

On touchait à l'automne ; la pluie et le vent de bise étaient souvent les hôtes du château de Sombrevanes, digne retraite d'un philosophe, bâtie au bord d'un bois vieux comme le monde. M. le marquis habita la bibliothèque ; il feuilleta tous les livres en se promettant de brûler ceux qui ne renfermeraient pas une parcelle de sagesse. Il brûla, il brûla, il brûla encore, il brûla toujours, à ce point qu'un jour, ne voyant plus un seul livre, il poussa la colère jusqu'à vouloir brûler les rayons de la bibliothèque.

« La science n'est pas dans les livres, dit-il en prenant son chapeau : ou plutôt il n'y a qu'un livre, c'est la nature ; celui-là seul ne se trompe pas ; je vais étudier la nature. Les bibliothèques ne sont que les mauvais lieux de l'esprit humain. »

V

LA NATURE

Comme on était en plein hiver, la nature ne lui dit rien du tout. Il se morfondit sur la montagne et dans la vallée, dans le bocage et sur la prairie. Il résolut d'attendre le printemps. Il retourna à ses livres ; il écouta encore une fois sans trop d'impatience les téméraires disputeurs qui ont si mal fait le roman de l'âme quand ils voulaient en faire l'histoire.

Vint le printemps. La violette embauma la montagne, la marguerite émailla la prairie, le rossignol gazouilla dans le bocage, la bruyère fleurit dans la vallée. Il assista scène par scène à tout ce beau spectacle de la création ; il vit l'arbre secouer sa perruque blanche, la bergère Aminthe faire écho au berger Daphnis. Il ne comprit rien à tout cela ; pour y comprendre quelque chose, il lui manquait la baronne et son violon.

Vint l'été. L'or des moissons tomba sous la faux ardente ; le travail, roi de la terre, se couronna d'épis et de roses. M. le marquis vit tomber la javelle, la moissonneuse sur la javelle, la nuit sur la moissonneuse, sans rien comprendre à cet enchaînement du travail et de l'amour.

Vint l'automne.

« Allons, dit M. le marquis, la nature est de l'hébreu pour moi. J'aime encore mieux les livres écrits en français et en latin. »

Il repeupla sa bibliothèque.

VI

LA CRÉATURE

Il eut des distractions. Un jour, sans y penser, il prit son fusil et se mit à chasser.

« Hélas! dit-il, depuis que je chasse dans le domaine de la philosophie, que d'idées j'ai tuées sous les coups de la raison ! Mais c'est là une mauvaise chasse. »

Comme il passait devant le château de M. le comte de Hauteroche, il pensa qu'il avait un droit de revenu à débattre avec son voisin. Il le trouva dans le parc, se promenant avec sa femme et sa fille. Mademoiselle de Hauteroche était bien la plus belle, la plus blonde, la plus fraîche, la plus douce créature de la province ; à la cour même, elle eût éclipsé les plus belles. Tout philosophe qu'il fût, le marquis de Sombrevanes ne put s'empêcher de rêver qu'il lui serait doux de faire de la philosophie avec mademoiselle de Hauteroche. Il pensa que, si une telle femme était dans son château, elle y tiendrait mieux sa place qu'une bibliothèque. Il pensa...

« Non, dit-il, au lieu de faire de la philosophie, nous ferions des philosophes. »

Il étudia mieux que jamais les atomes de Démocrite, les tourbillons de Descartes, la substance infinie de Spinosa, la substance efficace de Malebranche, les monades de Leibnitz; enfin il interrogea tous les philosophes depuis Brama et Zoroastre jusqu'à lui-même, M. le marquis de Sombrevanes.

A force d'étudier ces demi-dieux, il s'imagina qu'il était aux Petites-Maisons, qu'il entendait parler des fous. Il comprit enfin que ce n'est pas avec les philosophes qu'il faut chercher la philosophie.

Il fit un magnifique auto-da-fé des nouveaux livres de sa bibliothèque.

Après quoi, il songea à écrire pour former le cœur et l'esprit des autres. « Puisqu'au fond je ne sais rien, disait-il avec humilité, j'ai tout ce qu'il faut pour faire un bon auteur. »

Il écrivit un chapitre sur chaque sentiment humain. J'ai lu ce beau livre où il n'y avait de vraiment remarquable que deux chapitres : *La Liberté* et *l'Amitié*. Qu'avait-il trouvé à dire là-dessus ? Il avait laissé des pages blanches sous les deux titres. Était-ce un oubli ? Était-ce une satire ?

VII

LES DEUX ESPRITS QUI GOUVERNENT LE MONDE

Dans la salle voisine de la bibliothèque était un cabinet orné de deux tableaux italiens venus là je ne sais comment ; ces deux tableaux enfumés représentaient deux saintes de l'école de Raphaël et de Titien, deux belles figures qu'on eût aimées, l'une dans le ciel, l'autre sur la terre ; celle-ci était pensive, celle-là souriante.

Il avait déchiffré deux noms gravés sur les cadres : LÆTITIA et MAGDALENA.

« C'est cela, dit-il un jour, l'amour sacré et l'amour profane. »

Comme M. le marquis de Sombrevanes passait souvent ses soirées dans ce cabinet, il s'était accoutumé à ces deux aimables figures ; plus d'une fois son regard les avait interrogées sur la vraie science. Faut-il penser? demandait-il à la première ; faut-il sourire ? demandait-il à la seconde. — Faut-il regarder là-haut, au delà des nuages ? faut-il s'épanouir ici-bas sous le pampre avec sa maîtresse ?

Et se répondant à lui-même : « Peut-être faut-il faire tout cela ! »

VIII

LE MIRACLE

Un soir que M. le marquis rêvait devant la flamme de l'âtre, une belle femme, vêtue d'une chevelure d'ébène et d'une écharpe couleur du ciel, vint sans façon s'asseoir à côté de lui au coin de la grande cheminée. Il se leva pour la saluer.

« Madame...

— Je suis la vierge Lætitia. »

Le marquis s'imagina qu'il avait affaire à une aventurière ; ce vêtement un peu sans façon pour une vierge, cette voix surnaturelle, cette qualité qu'elle prenait sans périphrase pouvaient bien donner au marquis une pareille opinion.

« Vous ne me reconnaissez pas ? dit-elle en lui faisant signe de s'asseoir.

— Pas du tout; d'autant moins que je ne vous ai jamais vue... »

Il regarda du côté des tableaux ; le premier n'avait plus que son cadre ; la figure pensive s'en était détachée.

« Quoi ! c'est vous ! Par quel miracle êtes-vous descendue pour moi[1] ?

— Depuis longtemps je suis touchée de vous voir si épris de la sagesse et si loin de la sagesse. J'ai daigné descendre du ciel sur un rayon de la lune pour vous ouvrir le livre de la science. Grâce à la mort, qui est le dernier mot, j'ai débrouillé les mystères qui font divaguer tous vos esprits de passage.

— Puisque vous êtes morte, j'en suis bien aise, dit M. le marquis, vous allez me dire ce qui s'est passé à l'heure suprême.

— D'abord, sachez l'histoire de ma vie. Mon

---

1. Je répondrai au lecteur qui ose douter de ce miracle, que Romulus et Rémus sont nés d'un Dieu et d'une vestale, que le serpent qui perdit Ève parlait en hébreu, que la chevelure de Bérénice balaya une belle nuit le ciel, si bien que toutes les étoiles restèrent au bout du balai.

père était gentilhomme du duc de Florence ; le duc devint amoureux de moi, je m'enfuis au couvent et tout fut dit.

— Voilà pourquoi vous mourûtes vierge, c'est peut-être la faute du couvent, mais vous n'en êtes pas moins martyre, canonisée par l'Église et patronne de toutes les Lætitia du monde. Pour prix de vos hautes vertus, le ciel vous fut ouvert à deux battants au milieu des fanfares archangéliques. Et, une fois au ciel, vous avez vu la comédie que nous jouons ici-bas.

— Non-seulement la comédie, mais l'esprit de la comédie ; je me suis bien amusée en voyant que les meilleurs acteurs de la troupe ne savaient pas leurs rôles.

— Dites-moi, je vais sonner mon valet ; car le feu s'éteint, et, vêtue comme vous l'êtes, vous pourriez vous enrhumer.

— Ne voyez en moi qu'une âme délivrée de sa dépouille terrestre, vivant de musique dans les régions divines.

— Mais ces mains si blanches, ces épaules

d'un contour si pur, cette bouche si fraîche et si jolie...

— Silence ! fermez les yeux. Si j'ai repris ma forme ancienne, c'est parce que je ne pouvais venir vous parler tout simplement avec mon âme. Vous n'entendez pas le langage du ciel, j'imagine ? »

Le marquis voulut d'abord interroger l'âme de la sainte sur le pays qu'elle habitait ; mais il pensa, avec assez de raison, qu'il avait le temps d'apprendre ce qui se passait au ciel. Il fallait bien se laisser un peu le plaisir de la surprise. Comme il devait habiter encore la ter   n demi-siècle, il jugea à propos d'inter   la belle vierge italienne sur les choses d'ici-bas.

« Qu'est-ce qu'il y a de bon sur la terre ?

— La vue du ciel, le parfum de l'encensoir, les chants de l'Église.

— Diable ! dit le marquis, vous êtes un peu trop catholique. Que dites-vous donc de la vue des femmes, du parfum de la rose, des chants de l'Opéra ?

— Ne me parlez pas des œuvres du démon.

— Il me semble que le démon n'a point fait la rose, ni la musique de Pergolèse, ni mademoiselle Gertrude de Hauteroche. Vous avez beau dire, les femmes ont leur beau côté, de face ou de profil, ou même de trois quarts.

— La femme est le huitième péché mortel.

— Mais une femme qui parle d'amour est une divinité.

— Si les femmes vantent si bien l'amour, c'est parce qu'elles savent que, grâce à son prisme, on ne les voit pas comme elles sont. Les femmes sont des romans en deux tomes. Le premier fait courir au second, le second fait oublier le premier ; sauter des pages dans ce roman, c'est risquer de n'y rien comprendre ; ne rien passer, c'est perdre bien du temps.

— Vous avez peut-être raison.

— Le chemin du plaisir est le chemin de traverse ici-bas, le chemin des fondrières : vous y entraînez les femmes pour ne pas arriver au bonheur.

— Cependant l'amour. C'est une rosée du ciel qui rafraîchit notre cœur.

— C'est un regard du diable qui brûle votre âme. D'ailleurs, l'amour n'est qu'une image de la mort ; l'amour vous attire, vous étreint et vous tue. Le délire de la mort vous rappellera les délices de l'amour. C'est une sombre folie dévorée d'inquiétudes. Si vous êtes franc, vous me direz que vous avez plus d'une fois, au plus beau jour de la passion, trouvé amère la bouche de votre maîtresse. Or, ici, nous ne sommes qu'au beau côté de l'amour ; car ce ne sont pas toujours des cornes d'abondance qui vous pointent au front. Salomon l'a dit, la femme est le commencement de la mort. Pas une seule femme ici-bas, pas une parmi les plus aimables, qui vous verse l'amour sans vous déchirer les lèvres au bord de la coupe. »

Le marquis se passa la main sur les lèvres.

« Croyez-moi, poursuivit la sainte, tous les rôles à jouer dans vos farces grotesques sont ennuyeux ou ridicules, pauvres marionnettes soumises à mille et mille coups de vent par jour ! Les rois craignant les peuples, les peuples affamés par les rois, les reines enviant la couronne de bleuets des bergères quand celles-ci se couronnent d'épines, tout le monde ici-bas trace péniblement son sillon de douleur, soit que l'orgueil, l'amour, la colère ou toute autre passion méchante vous fouette ou vous pique ! Vous n'êtes tous qu'une troupe de visionnaires courant après les chimères, jouant avec des poupées, haïssant le soir ce que vous avez aimé le matin.

— La vie est une rude guerre ou une triste plaisanterie, murmurait M. le marquis.

— Vous n'êtes nés que pour apprendre à mourir. En effet, chaque heure qui passe sonne le glas dans votre cœur ; vous arrivez à la mort après tout le cortège de vos funérailles, funérailles de l'amour et de l'amitié, funérailles de toutes les passions et de tous les rêves. Mais consolez-vous ; si la vie est le commencement de la mort, la mort est le commencement de la vie, de la vie éternelle !

— Hélas ! dit sentencieusement le marquis, si je n'étais pas si bon chrétien, je répéterais la pensée ingénieuse d'un philosophe : *Les dieux étaient ivres quand ils créèrent l'homme.* »

M de Sombrevannes avait baissé la tête pour mieux réfléchir.

« Enfin, reprit-il, qu'est-ce que Dieu ? »

Comme la sainte ne répondait pas à cette grande question, il leva son regard, mais il ne la vit plus au coin du feu. Il se tourna tout surpris : la sainte était dans son cadre.

« Jusqu'à présent, dit-il avec désespoir, ce que je vois de plus certain dans la vie, c'est la mort. Notre seule action est de mourir ; nous ne sommes venus au monde que pour cela. Cependant les arbres et les fleurs, qui sont aussi des créatures de Dieu, ne portent pas de cilice. Enfin, puisque la sainte le dit, il faut la croire : nous ne sommes descendus sur la terre que pour le seul plaisir de remonter au ciel. »

Il se coucha.

IX

UN AUTRE MIRACLE

Un matin, M. le marquis détourna le rideau de son lit et ouvrit la fenêtre pour contempler le soleil levant au travers des vieux marronniers du parc. Sur le premier rayon, il entrevit un nuage singulier qui traversait l'espace et les feuilles avec la rapidité du vent. Bientôt il distingua des ailes blanches ; en moins d'une seconde, il vit à sa fenêtre une figure charmante qui lui souriait.

« Que voulez-vous ? demanda-t-il en homme désabusé de tout.

— Tu ne me reconnais pas ? dit la jolie apparition. Je suis la belle Magdalena qui sourit dans ton cabinet ; je viens t'ouvrir le livre de la science. »

Le marquis reconnut la seconde figure de son cabinet.

« La Science ! je la connais, lui dit-il ; c'est la Mort.

— Insensé ! la Science, c'est la Vie.

— Je n'en crois rien ; j'ai vu la vie sous toutes ses faces ; je l'ai étudiée dans toutes ses phases ; je n'y ai pas trouvé le grand mot ; la vie est un fruit vert dont mes lèvres ne veulent plus ; la mort est le fruit savoureux des sages.

— Écoute la voix d'une trépassée qui sait à quoi s'en tenir sur toutes choses. J'étais jolie dans mon temps, je fus aimée et enlevée un jour de chasse : quelle belle chasse ! quel beau jour ! A mon premier cheveu blanc, j'ai fait pénitence ; faire pénitence, c'est se souvenir, c'est espérer, c'est aimer encore.

— Expliquez-vous un peu, dit le marquis, venez-vous pour me déclarer votre amour ?

— Je viens pour vous enlever.

— Avez-vous là des chevaux de poste et une échelle de corde ?

— Touchez mes ailes, monsieur le marquis. »

Le marquis, ayant, par curiosité, touché du bout des doigts le bout des ailes de la belle Magdalena, se sentit soudain emporté dans l'espace, en croupe sur un rayon de soleil. C'était par la plus belle matinée du monde : le ciel était bleu, l'horizon était pur ; M. le marquis de Sombrevanes respirait avec délices la fraîcheur odorante des vallées et l'air sauvage des montagnes ; il écoutait avec transport une musique inconnue.

« Il me semble, disait M. le marquis, que j'entends le violon des anges et que je respire le parfum des lèvres de ma première maîtresse. — C'est étonnant, poursuivit-il en saisissant la main de la belle Magdalena, j'ai sans doute changé de pays ; mon cœur, qui ne battait plus, s'agite plus que jamais : le démon de l'amour tourmente mes lèvres. Si vous n'aviez pas des ailes...

— Parlons d'autre chose, dit la sainte ; n'allez pas troubler une âme en repentir.

— A propos d'âme, dites-moi comment la vôtre passe son temps ; je serais même assez curieux de savoir la géographie du ciel. A quel degré de longitude est bâti le paradis, s'il vous plaît ?

— De quel paradis voulez-vous parler ?

— Il y en a donc plus d'un ? »

L'esprit railleur qui osait parler par la bouche de la sainte débita gravement ces doctes sottises :

« Il y en a mille. Les âmes habitent, à leur gré, tantôt celui où l'on chante, tantôt celui où l'on rêve : l'un est bâti avec des roses, l'autre avec des lys. Noé et sa grande famille habitent un pampre jauni. Le plus doux est une tente filée par la mère du Dieu d'Israël ; c'est là que se rencontrent souvent les Suzanne et les Jeanne d'Arc. Le plus aimable est bâti dans un flot des blonds cheveux de Madeleine encore tout parfumés d'amour.

— Avez-vous vu là-haut un paradis pour les pauvres d'esprit ?

— Que voulez-vous que les pauvres d'esprit aillent faire au ciel ? ceux-là n'ont pas une âme, mais seulement une parcelle de ce rayon divin.

A leur mort, cette parcelle d'âme n'a pas la force de s'élever au delà des nuages ; elle s'égare, se disperse ou se réunit à d'autres parcelles, selon la volonté de Dieu.

— Ainsi, les pauvres d'esprit n'ont pas le royaume des cieux, comme dit l'Écriture, mais bien le royaume de la terre ?

— Au ciel, on ne reçoit que la bonne compagnie, c'est-à-dire les âmes qui, sur la terre, se sont le plus rapprochées de l'esprit pur, qui est leur essence. Les poëtes et les musiciens ont au ciel leurs coudées franches. Prenez garde ! les philosophes n'y sont pas à leur aise ; on se moque beaucoup de tous leurs systèmes. J'ai vu le Père Malebranche persiflé, tandis que le divin Virgile s'éveillait au bruit des sérénades.

— Virgile là-haut ! mais qu'en disent les saints du calendrier ?

— Ils font assez mauvaise figure. J'ai trop peu aimé (on ne dit plus *vivre* là-haut, on dit *aimer*), j'ai trop peu aimé, de leur côté, pour vous en parler. Je sais par ouï-dire que saint Augustin et sainte Thérèse sont en désaccord sur la couleur de l'extase : l'un veut qu'elle soit blanche, l'autre blonde.

— Quand vous n'avez rien à faire, que vous vous amusez de la comédie que nous vous donnons, reconnaissez-vous parmi les acteurs des amis de passage ici-bas, votre frère ou votre sœur, votre amant ou votre maîtresse ?

Nullement. Dès que nous sommes hors de ce carnaval, dès que le masque est tombé, tout nous est étranger : nous ne nous reconnaissons qu'au ciel ; mais combien d'amis qui manquent à l'appel, combien de pauvres d'esprit qui n'ont pu s'élever jusqu'à nous !

— Il devrait y avoir dans le chemin du ciel quelque bonne hôtellerie pour les âmes qui passent et qui n'en peuvent plus.

— Il y a mieux qu'une hôtellerie : il y a un hospice dans les nues à l'usage des âmes malades ; c'est là que font quarantaine (à peu près quarante siècles) les pécheurs qui s'élèvent sur l'aile du repentir. Cette quarantaine est une bonne pénitence, grâce aux feux de l'orage et aux flots de la tempête.

— Mais Dieu...

— Dieu est tout amour. Nous aimons en lui, mais il est invisible ; il se montre à vous comme à nous, par la grandeur, la beauté et l'amour. Quand vous aimez sur la terre, c'est Dieu que vous aimez.

— L'amour est donc une sainte chose ?

— L'amour est béni de Dieu ; il vient de Dieu, il retourne à Dieu ; aimez les fleurs de votre parterre, les vieux arbres de votre parc, le rayon de soleil qui féconde la vallée ; aimez la femme qui vous a porté dans son sein ; aimez la femme qui porte votre nom dans son cœur ; aimez, aimez, aimez : l'amour est toute la vie.

— De bonne foi, est-ce que Dieu s'amuse aussi du spectacle que nous lui donnons ?

— Orgueilleux ! est-ce que vous vous arrêtez au spectacle des mille insectes qui aiment et qui chantent dans une touffe d'herbe ? »

X

L'ARBRE DE LA SCIENCE

A cet instant, ils descendirent dans une vallée enchantée : le paradis terrestre avec les pommes mûres.

« Suis-je dans le ciel ou sur la terre ? demanda le marquis émerveillé. D'où vient que jamais je n'ai si bien vu le sourire de la nature ?

— C'est que vous arrivez à la Science.

— Qu'ai-je vu là-bas sous cet arbre ? »

Le marquis venait d'entrevoir une femme couchée nonchalamment à l'ombre.

« Allez toujours, » répondit la belle Magdalena.

Il allait, entraîné par cette autre apparition. Il arriva devant un tapis d'herbe émaillé de toutes sortes de petites fleurs charmantes, sillonné par les flots argentés d'une fontaine rustique dont le murmure rafraîchissait le cœur.

De plus en plus enchanté, il ne perdait pas de vue la dame couchée à l'ombre, qui d'abord lui rappela la bergère Chloé dont il avait vu les jambes peintes par Coypel et gravées par le Régent.

Il arriva bientôt sous l'arbre. Quelle fut sa surprise de reconnaître mademoiselle Gertrude de Hauteroche endormie sur le gazon ! Elle était plus jolie encore. Il tomba agenouillé devant elle pour admirer de plus près, de point en point, ce chef-d'œuvre de la création.

« Ah ! dit-il avec enthousiasme, comme il serait doux de la réveiller !

— Eh bien, dit la belle Magdelena en déployant ses ailes, vous voilà sous l'arbre de science.

— A merveille ! dit le marquis ; mais, un dernier mot avant de nous quitter : puisque notre âme est immortelle, je serais bien aise de savoir quel chemin elle doit suivre pour aller là-haut, en l'un des mille paradis ?

— Le chemin qu'il vous plaira, pourvu qu'il soit beau ; le chemin de la charité et du travail ; tous les chemins vont au réel, qu'on parte du Pérou ou de la Chine, qu'on soit en compagnie du grand Lama ou de monseigneur le Pape. »

Là-dessus, la belle Magdalena ayant repris son vol dans les nues, M. le marquis de Sombrevannes voulut mordre au fruit de l'arbre...

Mais il s'éveilla.

« Oui, dit-il en cherchant à se rappeler son rêve, il y a ici-bas deux esprits qui gouvernent le monde : celui qui va chercher l'inconnu au delà des nuages, celui qui s'enivre sous le pampre avec la créature. »

Il ordonna à un laquais de seller son cheval. Sans perdre de temps, il alla au château de Hauteroche demander la main de mademoiselle Gertrude.

Mais mademoiselle Gertrude était mariée depuis la veille !

LE
CARNAVAL DE VADÉ

Le duc d'Agénois. — La comtesse de Beaupré. — Madame Vadé. Mademoiselle Vadé.

Qu'il nous soit permis d'esquisser en quelques traits le Corneille des halles, cette physionomie rubiconde qui nous apparaît dans la galerie des poëtes de quatrième ordre, tout épanouie d'un rire de carnaval. Saluons la gaieté, quel que soit son masque : les méchants ne rient pas. Il y a toujours eu en France un refuge pour la gaieté ; avant de jouer la comédie, elle chantait : Vadé la cultiva tout à la fois au théâtre et au cabaret, dans l'opéra-comique et dans la chanson à boire. Au xvii⁰ siècle, la chanson bravait tout en riant; elle allait, abeille imprudente, bourdonner partout jusqu'à l'oreille de Mazarin.

Molière venu, la gaieté prit avec lui de gré à gré toutes les métamorphoses de la scène. Molière mort, la gaieté s'en alla, sans porter le deuil, épouser de la main gauche Regnard, Lesage et Dancourt. Plus tard elle s'acoquina à Vadé, qui l'installa à la Halle et à la Râpée.

En 1747, dans les fêtes du carnaval, madame la comtesse de Château-Renaud voulut célébrer le retour du comte de Caylus son ami, son cousin, d'autres disaient son amant, par un bal masqué des plus magnifiques. Comme le comte de Caylus recherchait la société des artistes et des gens de lettres, madame de Château-Renaud avait convié à ce bal Duclos, Boucher, Gentil-Bernard, Vanloo, Piron, Moncrif, La Tour, enfin tous les charmants esprits qui daignaient courir le monde. Dès le début la fête fut brillante ; on pouvait se croire à la cour, au bruit de ces équipages dorés, à la vue de ces fastueux déguisements, presque tous venus des contrées orientales. La maîtresse de la maison étant jolie, toutes les femmes étaient jolies.

Vers minuit, à l'heure où la danse devient

plus animée, il se fit une révolution subite à la porte du grand salon ; la danse fut suspendue ; les femmes, un peu plus curieuses que les hommes, même quand elles dansent, se précipitèrent du côté du bruit. Or, voici ce qui se passait. Une poissarde de belle taille et de belle venue, très-vive, très-alerte, très-gaillarde, vêtue avec une certaine recherche, c'est-à-dire avec tout l'éclat des femmes de la halle (il y a cent ans), avait traversé les antichambres, malgré la défense de tous les valets qui s'étaient mis à sa poursuite. Mais il fallait voir comme elle les rudoyait avec une verve bruyante. Un coup de pied par-ci, un coup de poing par-là. Mais il fallait surtout l'entendre ! Les quolibets les plus hasardés étonnaient jusqu'aux graves portraits de famille relégués dans une galerie servant d'antichambre les jours de fête ; ces dignes ancêtres semblaient s'indigner qu'un pareil ton pénétrât dans un pareil lieu.

Cependant le comte de Caylus, envoyé par madame de Château-Renaud, se trouva à la rencontre de notre poissarde. « Ah ! vous voilà, dit-elle d'une voix enrouée et traînante, tout en imitant par ses gestes mademoiselle de Camargo dans quelque gargouillade, j'en suis ben aise, et, pour afin que vous ne trouviez pas ça mauvais, je veux danser avec vous trois menuets sans compter le passe-pied, en payant ben entendu, dont je ne regrette pas la dépense, parce que ce n'est pas suivant ce que vous valez. — Le compliment n'est pas mal tourné, » dit le comte de Caylus, tout en se demandant s'il devait répondre sur le même ton ; mais il craignit de s'embourber sous les piliers des halles : il aima mieux y suivre d'un œil curieux son interlocutrice dans toutes ses pittoresques évolutions. « Madame, avec qui vais-je avoir l'honneur de danser un menuet ? » demanda-t-il en s'inclinant avec une exquise politesse.

Tous les spectateurs applaudirent au contraste. « Mon beau muguet, qui n'êtes pas de la nouvelle saison, je suis la demoiselle Rabavin, à la veille d'épouser mon ami La Tulipe ; mais, sapergué, le chien me le payera : il est allé à la Courtille sans moi pour chanter ses cantiques à boire. Demain, dès l'aurore aux doigts de rose, je lui détacherai galamment un coup de poing sur la moustache : c'est de cette main-là que j'écris mes phrases. Y en a plus d'un, à la Courtille comme au Gros-Caillou, qui porte sur sa chienne de face un patarafe de ma façon, le tout pour leur apprendre que Margot Rabavin vous a une vertu des plus revêches. Dame ! C'est qu'on n'a jamais mis sa cornette de travers. Nous ferons notre salut tout comme vous autres, mes belles princesses, qu'avez des confesseurs jour et nuit. Sachez que nous allons entendre les vêpres aux Porcherons, où y a des commis qui viennent nous reluquer en cadenettes et en habits verts. Mais j'ons donné notre cœur à La Tulipe. — Alors, madame, pourquoi venez-vous ici? car on peut dire que c'est le palais de la séduction. — Le bon Dieu, qu'est malin, a permis aux femmes de faire damner un peu les hommes : je me suis endimanchée et me v'là, faisant la huppée ; on a de quoi, on s'en moque. Puisque le compère La Tulipe est sans moi le verre à la main, soyons sans lui le cœur sur la main. A moi les hommes d'épée et les hommes de robe ! après le menuet nous boirons chopine ensemble pour faire passer le gueuleton, tout comme à la guinguette, morgué ! »

Le comte de Caylus offrit très-galamment son poing à mademoiselle Margot Rabavin. Il se fit une haie sur leur passage ; tout le monde admirait avec surprise les grâces robustes de la nouvelle venue. Les violons, soudainement interrompus quelques minutes auparavant, reprirent toute leur gaieté vibrante. Le comte de Caylus et Margot Rabavin, après avoir balancé leurs bras dans l'harmonie de la musique, avec une grâce touchante, commencèrent le menuet avec beaucoup d'entrain, mais avec beaucoup de gravité.

Les bons physionomistes n'avaient pas été si longtemps sans s'apercevoir que, sous le déguisement de Margot Rabavin, un homme s'était caché. Mais quel était-il, celui qui possédait si bien la désinvolture des halles et l'éloquence des carrefours ? On s'épuisait en conjectures : ce ne pouvait être qu'un des habitués de l'hôtel ;

car un étranger eût-il osé se risquer ainsi dans une pareille tenue ?

« Ce qu'il y a de singulier, dit madame de Château-Renaud, c'est que je ne reconnais pas cette figure-là. Puisque Moncrif est là-bas, ce n'est pas lui. » Se tournant vers Carle Vanloo, qui, un des premiers en France, avait transporté dans quelques salons choisis la gaieté un peu sans façon de l'atelier : « Monsieur Vanloo, êtes vous bien sûr que ce n'e s vous ? — Ma foi, madame, dit le peintre en souriant, je n'en réponds pas. »

Moncrif s'était approché de la comtesse : « Quoi ! madame, lui dit-il d'un air de doute, vous ne reconnaissez pas cet animal de Vadé ? — Vadé ! — Vadé ! — Vadé ! »

Ce nom courut comme un trait par tous les salons. Jean Vadé avait alors vingt-sept ans. Il commençait à devenir célèbre pour ses bouquets à Margot, comme l'abbé de Bernis l'était pour ses bouquets à Chloris. Né à Ham (1720), mais venu de bonne heure à Paris, il avait étudié la poésie pittoresque des halles étant encore écolier.

C'était un assez mauvais garnement, doué d'un certain esprit naturel. Ennemi des livres et des maîtres, il ne voulut jamais rien apprendre. Il habitait avec sa famille au voisinage des halles. Comme Callot dans son enfance, qui suivait avec entraînement les troupes de bohémiens; comme Téniers, qui, en revenant de l'école, se complaisait au spectacle des ivrognes; comme Watteau, qui demeurait des heures entières penché à une lucarne pour voir dans la rue s'ébattre les baladins et discourir les charlatans, Vadé, créateur d'une poésie très-inférieure à celle de ces trois maîtres par excellence, passait toutes ses heures de récréation, quelquefois même ses heures d'étude, à contempler leurs mœurs et à apprendre la langue accentuée des poissardes.

Il eut dans sa jeunesse le caractère des enfants prodigues; nous ne dirons pas des poëtes ni des artistes, car son genre fut toujours bien au-dessous de l'art et de la poésie. Cependant, malgré ses mauvaises études et sa profonde insouciance, il obtint à vingt ans, par la protection de quelques amis de sa famille, un emploi de contrôleur à Soissons et à Laon, « dont il fit les délices pendant quatre ans, » s'il faut en croire le grave esprit qui écrivit gravement un essai sur la vie et les œuvres de Vadé [1]. En 1743, c'est-à-dire quatre ans après, au retour d'un voyage en Normandie, il revint à Paris, déclarant ne plus vouloir vivre ailleurs. Comme déjà sa verve hardie et sa gaieté licencieuse s'étaient répandues de proche en proche, du café au boudoir (on n'avait point encore oublié les gais propos de la Régence), il fut à la mode d'avoir Vadé dans quelques salons célèbres. Le duc d'Agénois, qui aimait à rire, proposa à Vadé de le prendre pour secrétaire. Vadé, qui aimait à vivre, ne se fit point prier, car il était sans argent. Il fut décidé entre le duc et le poëte des halles que, moyennant cent louis par an, Vadé accompagnerait le duc partout; c'était, du reste, tout ce qu'il aurait à faire. Le duc n'était

[1]. *OEuvres de Vadé*, édition de Londres, 1780, 4 vol. in-8, ornées *du portrait de l'auteur*, et précédées d'un *Essai historique* sur sa vie.

O.

pas fâché de prouver dans le monde où il vivait qu'il était très-occupé, puisqu'il avait un secrétaire; aussi jamais grand seigneur et secrétaire ne furent plus contents l'un de l'autre.

Telle est la position qu'avait conquise Vadé le jour du bal masqué de madame de Château-Renaud.

C'était le duc d'Agénois lui-même qui s'était fait ce jour-là le valet de chambre de son secrétaire. Ils avaient été ensemble emprunter l'ajustement de la plus coquette des dames de la halle. J'ai peut-être oublié de dire que Vadé était un joli garçon, quoique assez robuste. On voyait bien qu'il appartenait au peuple par la naissance, par certaines habitudes, et quelquefois par goût. Il avait beau courir le monde accompagné du duc d'Agénois, il ne se laissait pas aller aux belles manières, il conservait les franches allures de quelques-uns de ses héros. Il arrivait que sa belle humeur amusait les oisifs d'un salon ou d'un cercle; mais, pour lui, il ne s'amusait jamais qu'au cabaret en folle et bruyante orgie, ou au café Procope, ou au carrefour Buci, à l'ancien Caveau, avec Piron, Panard et compagnie.

Quand il fut bien démontré chez madame de Château-Renaud que mademoiselle Margot Rabavin n'était autre que monsieur Jean Vadé, toutes les grandes dames, ardentes au plaisir, allèrent prier le poëte des halles de vouloir bien danser avec elles. Il fut le héros de la fête. Le comte de Caylus tomba au second rang; Vadé recueillit toutes les œillades, tous les jolis mots, tous les doux sourires qui étaient destinés à l'illustre voyageur. Le comte de Caylus pouvait parler des pyramides, des obélisques, des ruines de Thèbes, des sources du Nil; mais, cette nuit-là, on ne voulait pas déchiffrer les hiéroglyphes du désert; on aima mieux étudier la langue des poissardes. Voilà bien la curiosité féminine, ou plutôt l'esprit de contradiction qui gouverne le monde. On va parler de la splendeur de l'antiquité avec toute la poésie de l'histoire! on aime mieux entendre un quolibet.

Il y avait au bal de madame de Château-Renaud une jeune folle, plus folle que les autres, la baronne de Beaupré, qui fut émerveillée par les allures et par l'éloquence de Vadé. Elle avait épousé peu de temps auparavant un mari ridicule, un gentilhomme poitevin, qui voulait la cloîtrer dans sa terre. Cette perspective, loin d'arrêter son ardeur, ne lui donnait que plus d'entrain ; elle voulait du moins, avant d'aller faire pénitence, avoir commis quelques péchés. Nul philosophe, quoi qu'on en dise, n'est plus rigoureusement logique que la femme.

Il y avait six semaines que madame de Beaupré attendait, ou plutôt cherchait l'heure fatale à M. de Beaupré, l'heure du diable, comme disait Voltaire. Le diable eut son heure, grâce à Vadé. Madame de Beaupré était poursuivie par une foule d'adorateurs qui juraient de vivre et de mourir pour elle. Vadé ne lui en jura pas autant ; tout entier à son triomphe, il ne songeait pas le moins du monde que son cœur pût être en jeu. Parmi ses adorateurs, madame de Beaupré avait pourtant daigné prendre quelque intérêt au marquis de Montaignac, qui était d'une exquise distinction ; on le citait comme modèle de la galanterie perdue. On parlait beaucoup des aventures qu'il avait eues à la Cour, à la Comédie et à l'Opéra. La folâtre baronne, puisqu'il daignait implorer ses bonnes grâces, aurait donc dû en raffoler ; mais elle avait beaucoup d'imagination, un goût étrange pour les choses bizarres et romanesques. Dès qu'elle vit Vadé danser un passe-pied, dès qu'elle l'entendit débiter ses grotesques madrigaux, elle s'avoua vaguement qu'il serait beaucoup plus piquant d'entamer une aventure avec Vadé qu'avec monsieur de Montaignac. Le cœur des femmes est un abîme, et je ne veux pas m'y perdre pour expliquer cette fantaisie extravagante. Ce qu'il y a de certain, c'est qu'avant la fin du bal la baronne avait prié mademoiselle Margot Rabavin d'aller la voir en l'hôtel de sa tante, une vieille folle qui avait vécu en pleine Régence. S'il fallait en croire la baronne, ce qu'elle en faisait, c'était pour amuser sa tante ; mais Vadé ne s'y méprit pas.

Le surlendemain, dans l'après-midi, il se présenta à l'hôtel de la vieille madame de Marrens.

Il n'avait plus l'air conquérant de l'avant-veille ; c'était la première fois qu'il allait se trouver en tête-à-tête galant avec une grande dame, car jusque-là il avait vécu sans façon au jour le jour avec les Colombines du théâtre de la foire, ou les grisettes de son quartier.

A peine eut-il dit son nom au valet de chambre qui allait l'annoncer, que madame de Beaupré survint, toute fringante, mantelet, dentelles, robe ouverte à volants et bonnet à grand papillon ; elle lui dit : « Ah ! bonjour, monsieur Vadé ; mon carrosse est en bas qui nous attend ; voulez-vous me permettre de faire un voyage avec vous ? — Comment donc, madame, au bout du monde si vous voulez ! — Je désire depuis longtemps explorer un pays que vous connaissez beaucoup. — C'est donc un enlèvement, pensa Vadé. — Je veux parler des halles ; le comte de Caylus me disait hier que, depuis la Régence, la gaieté française s'était réfugiée là. »

Tout en parlant ainsi, la baronne et Vadé avaient descendu l'escalier de l'hôtel. Un laquais se précipita au-devant d'eux pour ouvrir la portière. « Suivez-moi, monsieur. » La baronne s'élança dans le carrosse, Vadé alla s'asseoir à côté d'elle. Je ne raconterai pas mot à mot leur singulière promenade, lorsque, descendus de la voiture, ils parcoururent la halle, ce dédale pavé de bonnes intentions, mais peuplé de mauvaises paroles. La baronne avait prié Vadé d'entamer çà et là quelque vif dialogue avec les habitants du lieu. « Prenez-y garde, madame, car je ne réponds pas des éclaboussures. — A la guerre comme à la guerre ; aujourd'hui je n'ai peur de rien. — Eh bien! madame, nous esayerons de vous donner la comédie. »

Vadé avait fait une brillante entrée avec une harengère. La baronne s'était amusée tout en tremblant. Les injures grotesques qui volaient avec la rapidité et l'éclat d'une fusée, ne passaient pas devant ses oreilles sans l'effaroucher un peu, d'autant plus qu'elle subissait la conséquence de la compagnie de Vadé. Comme ils arrivaient au terme de leur voyage : « N'allons pas oublier, dit Vadé, une petite marchande d'huîtres qui est digne, par sa beauté, de vous arrêter un peu ; d'ailleurs, elle est bien capable de me rendre mon compliment, car, si elle a le cœur sur la main, on peut dire qu'elle a la gaieté sur les lèvres. »

En effet, madame de Beaupré commençait à distinguer une jeune fille toute rubiconde qui étendait symétriquement des huîtres sur de la paille. Elle était d'une fraîcheur éblouissante ; comme elle souriait sans cesse, on voyait toujours ses dents blanches comme celles d'un jeune chien. Ses cheveux, noirs et brillants, s'échappaient en un chignon touffu de sa cornette blanche ; ses longs cils ne voilaient qu'à demi le feu trop vif de ses grands yeux. Son cou, vigoureusement et artistement attaché, était un peu mordu par le soleil. Une grande croix d'or suspendue à un velours descendait sur sa gorge et se dérobait dans les plis du léger fichu blanc qui cachait, sans la dissimuler tout à fait, une gorge trop orgueilleuse. Quoique sa figure ne fût pas d'une régularité parfaite, elle était jolie par la jeunesse, par la santé et même par l'expression.

Madame de Beaupré saisit un regard d'intelligence échangé entre la marchande d'huîtres et son cicerone. Pour la première fois de sa vie elle fut jalouse, car elle comprit tout de suite, surtout en se rappelant ce qu'on lui avait dit de la vie de Vadé, que cette belle fille si agaçante et si fraîche était sinon sa maîtresse de la veille, du moins celle du lendemain. « Eh bien! murmura la baronne en s'appuyant sur le bras de son compagnon, voilà tout ce que vous lui dites? — Morgué! Nicolle, dit Vadé en voulant saisir la croix d'or, tu as là un superbe casaquin de siamoise; est-ce un mousquetaire de Picpus qui te l'a donné? — Mon casaquin, répondit Nicolle en se rengorgeant et en jetant ses poings sur ses hanches, vaut bien ce chiffon de dentelle que ta princesse a sur les yeux; saperguél on dirait une fraise de viau! »

Vadé, irrité de voir que Nicolle s'en prenait à la baronne, voulut lui faire entendre qu'elle faisait mal les honneurs de son royaume. « Allez, allez! je n'entendons pas le latin. Avec son visage à la crème! Quoi donc qu'elle a sous le

nez, ta princesse ? Mon Dieu ! c'est une mouche !
C'est ben la mouche dans du laid ! — Gueule de
chien ! s'écria Vadé, veux-tu que j'accroche ta
langue d'enfer au bout de mon épée ? — Ton
épée ? où donc que tu l'as trempée ? Est-ce pour
défendre ce papillon de nuit ? Prends garde, le
vent va l'enlever avec sa figure sans viande. —
C'est assez, dit madame de Beaupré en entraînant Vadé qui s'échauffait à la riposte. — Allez,
allez ! cria Nicolle à la baronne, prenez garde qui
ne vous morde, car il est enragé ! »

Voyant que Vadé, contre son attente, s'éloignait sans dire un mot de plus, Nicolle courut à
lui : « Tu n'oublieras pas que je t'attends ce
soir à la foire Saint-Laurent ! »

A peine eut-elle dit ces mots, qu'elle s'enfuit
en fredonnant cette chanson de Vadé :

> Un gueux de carrosse qui passit,
> Tous les deux nous éclaboussit,
> Et nous équipit nos bas blancs.
> J'étions faits comme des ch'napans.

« Vous n'irez pas à la foire Saint-Laurent ?
demanda madame de Beaupré à Vadé, quand

Nicolle se fut éloignée. — Peut-être, » répondit-il.

Le soir, Vadé n'alla point à la foire Saint-Laurent ; il avait pris de plus en plus au sérieux sa passion pour madame de Beaupré. La jolie baronne, d'ailleurs, qui avait toute sa journée à elle, était parvenue à le retenir à dîner chez sa tante, qui l'avait accueilli avec cette curiosité coupable des vieilles femmes, qui se consolent des aventures qu'elles n'ont plus par les aventures qui se déroulent sous leurs yeux.

Madame de Beaupré quitta le soir Vadé avec la promesse qu'il la reverrait le lendemain. « Mais à propos, demanda-t-elle d'un air distrait, tout en lui disant adieu, où demeure donc cette jolie insolente qui m'a fait de si gracieux compliments ce matin ? — Je ne sais pas, répondit Vadé en saluant. — Vous le savez, reprit la baronne d'un air moqueur, vous le savez et vous me le direz. — Est-ce que vous auriez la fantaisie d'aller encore vous exposer aux quolibets de Nicolle ? — Qui sait ? je suis curieuse de savoir où gîtent ces dames qui règnent à la halle avec tant de despotisme. — Je crois que Nicolle demeure rue Barre-du-Bec, dans la maison du marchand de vin. »

Le lendemain, de très-bonne heure, le carrosse de madame de Beaupré s'arrêtait devant l'hôtel de ville. En vain elle avait ordonné à son cocher de toucher rue Barre-du-Bec ; le brave homme n'avait jamais pu pénétrer dans ce dédale de rues étroites et tortueuses.

La jolie baronne, soutenant la queue de sa robe, arriva légère comme une chatte, sans trop se mouiller les pieds, à la maison indiquée par Vadé.

C'était un de ces vieux cabarets où la lumière du soleil arrivait à peine en plein midi ; quoiqu'il eût pour enseigne le *Signe de la Croix*, il était gardé par une affreuse mégère habituée à tous les orages du vice. « Mademoiselle Nicolle ? demanda madame de Beaupré sans oser franchir le seuil de la porte. — Nicolle ! dit la cabaretière en regardant de travers la nouvelle venue ; vous ne savez donc pas la belle que les oiseaux s'envolent de leur nid dès l'aurore ? —

Mademoiselle Nicolle est-elle déjà sortie? — Attendez, il me semble que je viens de la voir passer dans l'escalier; d'ailleurs, montez-y si cela vous amuse; c'est tout en haut, là dernière porte du corridor. Prenez garde de vous casser le cou dans l'escalier ! »

Disant ces mots, la cabaretière alla dans l'arrière-boutique, et revint vers la baronne avec une lampe à la main.

Quoique madame de Beaupré eût avec elle son valet de chambre, elle eut peur et pensa battre en retraite; mais elle s'aguerrit par curiosité, comme toutes les femmes. Son domestique prit la lampe et passa devant elle. Après une ascension des plus dangereuses, madame de Beaupré arriva devant la porte entr'ouverte de mademoiselle Nicolle. La marchande d'huîtres, entendant quelqu'un sur son palier, avança la tête avec surprise.

« Mademoiselle, dit la baronne, j'ai deux mots à vous dire. » Nicolle fit timidement la révérence. « Passez, madame, » dit-elle en se rangeant contre la porte. La baronne entra en ordonnant à son domestique de l'attendre dans l'escalier. Nicolle la pria de s'asseoir sur une espèce d'escabeau placé sous une petite fenêtre à vitres de plomb qu'elle s'empressa d'ouvrir pour donner un peu plus de jour à sa chambre. Quoique dans une horrible maison, cette chambre avait un certain air de jeunesse et de gaieté, sans doute parce qu'elle était habitée par Nicolle. Madame de Beaupré, en y promenant ses regards, croyait en effet y voir la trace des fraîches et vibrantes chansons de la jolie fille.

Après un silence, elle leva les yeux sur la figure de Nicolle, qui se tenait debout devant elle dans une attitude inquiète et respectueuse. « Mademoiselle Nicolle, aimez-vous monsieur Vadé ? » Nicolle devint rouge comme une cerise, ce qui surprit beaucoup madame de Beaupré, qui avait toujours présente à son souvenir la marchande d'huîtres de la veille. « Voyons, reprit la baronne en tendant la main à Nicolle, parlez-moi à cœur ouvert. Aimez-vous monsieur Vadé ? — Oui madame. — Beaucoup ? — Un peu. — Depuis longtemps ? — Depuis trop longtemps, car à ces sornettes-là on perd sa jeunesse et son temps! — Enfant! aimer, est-ce du temps perdu? Est-ce que vous avez à vous plaindre de monsieur Vadé? c'est un galant homme, un peu fou, comme tous ceux qui sont jeunes et qui se laissent éblouir par des yeux vifs comme les vôtres. — Mon Dieu! madame, je n'ai rien à dire contre lui, si ce n'est qu'il n'est pas venu hier à la foire Saint-Laurent. Mais, ajouta Nicolle en baissant les yeux, quand on va avec de si belles dames! — Ce n'était qu'un jeu, vous auriez dû le comprendre. — Non, je ne comprends pas, car je ne suis pas savante là-dessus; mais enfin que Dieu le conduise! — Allons, allons, ne vous chagrinez pas; monsieur Vadé vous reviendra plus amoureux que jamais. — Oh! je ne regrette pas qu'il aille avec vous; au contraire, je voudrais bien qu'il revînt avec les manières de tous ces beaux messieurs, car je lui ai toujours reproché de n'être qu'un pataud de mon pays, avec ses façons communes et ses paroles en veux-tu en voilà. J'aimerais bien mieux qu'il eût un peu moins d'esprit (puisque vous dites qu'il en a tant) et qu'il eût plus l'air d'un grand seigneur. — C'est bien surprenant, pensa madame de Beaupré ; voilà une marchande d'huîtres qui voudrait être aimée par un prince du sang, tandis que moi, qui suis recherchée par les plus beaux gentilshommes de la cour, je suis flattée de l'hommage de Vadé. Contradiction des contradictions! tout n'est que contradiction dans le cœur de la femme! Puisqu'il en est ainsi, j'enverrai à mademoiselle Nicolle un amant digne d'elle. »

Madame de Beaupré avait détaché une petite chaîne d'or de sa châtelaine. « Tenez, dit-elle à la marchande d'huîtres, gardez ceci en souvenir de moi. — Mon Dieu! madame, que vous êtes bonne! Moi qui n'osais pas vous demander pardon de vous avoir injuriée hier si grossièrement! »

Nicolle voulut baiser la main de madame de Beaupré, mais celle-ci embrassa avec amitié les joues fraîches de la jeune poissarde.

Le soir, madame de Beaupré rencontra à l'Opéra le marquis de Montaignac. « Vous ne savez pas, marquis, lui dit-elle, pour se délivrer un peu de ses importunités, j'ai vu aujourd'hui une jeune fille ravissante, qui serait enchantée de vous donner son cœur; elle ne cherche qu'un prince du sang. Voulez-vous que je vous indique le chemin pour arriver jusqu'à elle? — Est-ce qu'elle était au bal de madame de Château-Renaud? — Non. Allez-vous-en demain matin déjeuner rue Montorgueil; vous demanderez des huîtres de mademoiselle Nicolle; bientôt vous verrez venir à vous, en blanche cornette et en casaquin de siamoise, une beauté digne de Rubens, ou plutôt de Murillo. — Vous piquez ma curiosité, baronne; mais comment voulez-vous que j'aille m'intéresser à une figure, quelque charmante qu'elle soit, quand j'ai devant les yeux, même en votre absence, votre beauté, que Rubens ni Murillo n'auraient pu reproduire, tant elle est touchante et divine? »

Ce qui n'empêcha pas le lendemain monsieur de Montaignac d'aller déjeuner avec un ami dans un cabaret de la rue Montorgueil. Nicolle vint et le charma. Elle eut beau se défendre, il lui fallut bien manger ses huîtres avec le marquis et boire du vin du Rhin bon gré mal gré. Vers la fin du déjeuner, Nicolle s'aperçut avec admiration que monsieur de Montaignac était toujours marquis, quoiqu'il se conduisît cependant avec plus de sans-façon que Vadé lui-même. Elle se laissa peu à peu séduire au point que, quand il parla de l'enlever, elle se jeta sur son cœur, toute rougissante et tout heureuse.

Le marquis laissa son compagnon sous la table, et s'en alla avec Nicolle dans son carrosse, en chantant comme un mousquetaire. La marchande d'huîtres était dans le ravissement ; elle ne se lassait pas d'entendre et de regarder le marquis. « Mais, lui dit-elle avec un peu d'embarras, qu'est-ce que vous ferez de moi tout à l'heure ? — Je vous aimerai. — Après ? — J'ai une petite maison au Montparnasse, une retraite charmante au milieu d'un jardin, un vrai paradis terrestre. Là, vous serez belle, vous passerez votre temps à m'aimer et à m'attendre. Si cela vous ennuie, vous vous ferez comédienne. »

Nicolle exprima toute sa joie dans un sourire de béatitude. « Mais, reprit-elle, est-ce que j'oserai jamais ? — Allons donc ! quand on a une jolie figure, on est déjà comédienne à demi. — Au théâtre de la Foire, à la bonne heure ; mais à la comédie où ma marraine m'a menée aux fêtes de Pâques, c'est impossible ! — Ne vous troublez pas d'avance, vous ne débuterez pas demain. — A moins, poursuivit Nicolle toute à sa pensée, que je ne joue Marinette avec son Gros-Réné. — Vous avez raison, vous ferez une adorable servante de Molière. »

Madame Nicolle Delarue débuta à la Comédie-Française en 1748, ainsi que le témoigne un petit article de Jean Fréron. Le bruit s'était répandu qu'elle avait été marchande d'huîtres on s'était d'abord imaginé que ce contraste serait une cause de succès : il en fut autrement. Il faut aux comédiennes, pour conserver l'illusion du théâtre, je ne sais quel nuage poétique et mystérieux répandu autour d'elles. Si Iphigénie, qui va être immolée comme une blanche et pure hécatombe, a été surprise la veille écumant son pot-au-feu, tout l'effet de la scène est perdu, à moins que le talent de la comédienne ne vous détache de vous-même et ne vous élève à elle comme par magie.

Or, Nicolle Delarue, qui était si bien à son aise aux abords de la halle, ne parut sur le théâtre ni franche ni gracieuse, jolie encore, mais sans talent. Elle fut pourtant applaudie à outrance durant les premières représentations, mais ce triomphe ne dura pas; au bout de quelque temps elle disparut du théâtre, après avoir eu beaucoup à souffrir des comédiennes, qui lui pardonnaient bien de ne pas avoir de talent, mais qui ne lui pardonnaient pas d'avoir une jolie figure.

Vadé, qui assistait à son triomphe dans la loge de madame de Beaupré, lui fut du moins fidèle dans sa chute. Après une mésalliance qui dura plus d'un an, chacun fut enchanté, le marquis comme la baronne, le poëte des halles comme l'ex-marchande d'huîtres, de se retrouver comme devant. Seulement Nicolle, en se retirant de la Comédie-Française, ne retourna pas dans la rue Barre-du-Bec reprendre sa cornette blanche et son casaquin de siamoise ; elle épousa Jean Vadé en grande solennité à l'église Saint-Germain-des-Prés.

Nous ne voulons pas entrer plus loin dans le roman de madame de Beaupré; nous croyons qu'elle ne garda pas rancune au marquis de Montaignac. Nous nous sommes complu à reproduire cette histoire un peu galante, non-seulement pour mettre Vadé en scène, mais pour montrer une fois encore que le cœur humain cherche sans cesse l'inconnu et qu'il aspire toujours aux contrastes.

Vadé n'oublia jamais la baronne ; il garda toujours avec un doux souvenir un étui garni de plumes d'or qu'elle lui envoya avec sa lettre d'adieu. Voilà, à ce propos, comment Vadé tournait ses vers galants. On peut voir qu'il tombait dans le madrigal comme les petits abbés du temps.

> Oui, chaque plume m'est si chère,
> Que le petit dieu de Cythère

Me proposerait vainement
De changer contre de plus belles;
J'y perdrais trop assurément,
Même en choisissant dans ses ailes.

Le duc d'Agénois continua à protéger Vadé; il ne se sépara qu'avec chagrin de son joyeux secrétaire ; il sollicita et obtint pour lui un nouvel emploi de contrôleur; mais, cette fois, Vadé put demeurer à Paris. Sa femme lui donna, dans les premières années du mariage, une demi-douzaine de beaux enfants roses et joufflus qui égayèrent beaucoup l'humble intérieur du poëte. Jusque-là, Vadé n'avait écrit qu'après boire, pour amuser ses amis. Piron et Panard lui avaient souvent conseillé d'écrire des opéras pour la foire Saint-Laurent; au temps où il courait les aventures, il avait été un des spectateurs assidus de ce théâtre ; il finit par suivre le conseil de ses deux devanciers. De 1752 à 1757, il ne donna pas moins de dix-huit opéras-comiques, tantôt au théâtre de la foire Saint-Laurent, tantôt à celui de la foire Saint-Germain.

Vadé mourut en 1757, aux fêtes de la Pentecôte, laissant la pauvre Nicolle Delarue et trois ou quatre enfants presque encore au berceau : il n'avait que trente-sept ans. On l'accusa d'être mort pour ses péchés. Grimm prononça dans sa correspondance, avec beaucoup de dédain, cette oraison funèbre : « Sa mort a été la suite d'une vie déréglée. Je n'ai jamais pu trouver le talent de M. Vadé ; il connaissait bien le langage des halles, et l'employait toujours sans esprit[1]. » Il m'a été impossible de suivre les traces de sa

---

1. Collé n'est pas meilleur compagnon dans son journal : « Le 3, je fus à la Comédie-Française ; on y jouait la première représentation d'une comédie en un acte, intitulée *les Visites du jour de l'an*. Cette petite pièce n'a été donnée que cette seule fois ; elle fut sifflée unanimement. Elle est d'un nommé Vadé, qui a fait de petites poésies dans le goût poissard ; j'en ai vu quelques-unes. Sa manière est de peindre des bouquetières et des harengères qui se querellent ; et il emploie à ce coloris tous les mots bas qu'elles se disent, à la vérité, d'une façon assez naturelle ; mais doit-on rendre la nature par ses côtés vilains et dégoûtants ? Son style est encore au-dessous de celui de la parade, qui a été à la mode pendant quelque temps ; c'est un genre opposé au bon goût et à la belle nature. Je ne connais rien de plus méprisable, après toutefois le genre poissard, et j'en parle en personne désintéressée, puisque j'ai fait plusieurs parades, et que je méprise tout autant que celles qui ne sont pas de moi. Il faut toujours en revenir au vrai, et tôt ou tard on est ramené au bon goût, ce qui fait encore que je regarde mes amphigouris *sicut delicta juventutis*. »

famille dans les journaux de l'époque. J'ignore si Nicolle lui survécut longtemps. Elle n'avait pu réussir au théâtre ; on peut juger que ce fut le rêve de toute sa vie, quand on voit, en 1776, mademoiselle Vadé débuter à la Comédie-Française. Voici comment Grimm parle de son début :
« Mademoiselle Vadé, fille du poëte de ce nom, est moins jolie que mademoiselle Contat, mais elle a un caractère de physionomie aimable ; et, malgré les vices de sa prononciation, un son de voix qui intéresse, une taille très-fine et très-élégante : elle a reçu des leçons de mademoiselle Dumesnil. On est tenté de lui soupçonner une sensibilité assez vive, mais elle manque de noblesse et de goût. Le caractère de ses traits et celui de son jeu rappellent trop souvent le genre de poésie où monsieur son père eut la gloire d'exceller [1]. »

1. « Mademoiselle Vadé a débuté le 2 mars 1776; le spectacle se composait d'*Iphigénie en Aulide* et de *l'Étourdi*. Elle a joué, dans la tragédie, le rôle d'Iphigénie; la recette a été de deux mille huit cent quarante-trois livres dix sous. Le lundi 4 mars, elle a rejoué le même rôle, la recette a descendu à mille neuf cent quatre-vingt-six livres. Il n'est ensuite

Vadé débuta au théâtre par une parodie d'*Omphale* qui fut très-courue. Parmi ses pièces, on a cité quelquefois l'*Impromptu du cœur*, la *Veuve indécise*, le *Poirier*, *Nicaise*, les *Racoleurs*, le *Trompeur trompé*, les *Troyennes de Champagne*. Sans doute, puisque nos pères s'entendaient à la gaieté, tous ces petits opéras avaient sur la scène beaucoup d'entrain, de naturel et de franc rire. J'avoue pourtant qu'à la lecture de toutes ces œuvres surannées l'esprit ni la gaieté n'ont presque rien à débattre. De l'art, il n'y en a pas traces. Vadé ne fut qu'un faiseur de chansons, un écho affaibli de Panard.

L'abbé de Voisenon a revendiqué très-gaiement sa part dans les éloges accordés à Vadé : « C'est à tort qu'il passe pour le créateur du genre poissard. Il fut piqué d'une noble émulation par la lecture des *Étrennes de la Saint-Jean*, des *OEufs de Pâques*, des *Écosseuses*, des *Bals de*

plus question d'elle. » (*Archives de la Comédie-Française*.)
Selon Grimm, « elle conduisit le comédien Bellecour au tombeau par un chemin semé de roses. »

Bois, et des *Fêtes roulantes*. Les auteurs principaux de ces ouvrages étaient le chevalier d'Orléans, grand prieur, le comte de Caylus, Moncrif, Crébillon le fils :

Parmi tant de héros, je n'ose me nommer

Cette aimable société, que madame du Deffant appelait la queue de la Régence, était composée de douze gentilshommes ou gens lettrés décidés à bien souper et à avoir de l'esprit, — entre deux vins, et entre deux femmes. — Ils soupaient tantôt chez mademoiselle Quinault, tantôt chez le comte de Caylus. Chacun payait sérieusement son écot en composant une histoire bouffonne, qui dès le lendemain était envoyée à l'imprimeur et bientôt au libraire. Le recueil se vendait assez pour permettre à mademoiselle Quinault et au comte de Caylus, les éditeurs responsables, d'avoir les meilleurs cuisiniers de Paris. Le beau temps que celui où l'esprit ne servait qu'à bien souper ! C'est de là que sont sorties tant d'œuvres monumentales, comme la

Bataille des Chiens, le *Ballet des Dindons*, le *Président Guillery*, les *Étrennes de la Saint-Jean*. Vadé, dit vaniteusement l'abbé de Voisenon, n'a jamais pu égaler ces œuvres distinguées. Le grand prieur, auteur de la *Bataille des Chiens*, était surnommé, à meilleur droit que Vadé, le Corneille des halles ; mais, « si Vadé n'a pas eu l'honneur d'inventer le genre, il est certain qu'il l'a enterré avec lui, et c'est fort bien fait. »

Il y a dans les œuvres de Vadé tout un volume de chansons, de contes et de fables ; les contes sont licencieux, sans esprit, sinon sans gaieté ; les fables n'ont ni couleur, ni naïveté, ni charme. Dans les chansons, les amphigouris ne manquent ni de traits ni de singularité. On peut y voir que, dès les premiers soupers du caveau, Piron, qui donnait l'exemple à la joyeuse compagnie, a voulu ramener la rime sonore des poëtes du XVIe siècle. Déjà, comme il y a quelques années, on s'amusait beaucoup des enfantillages poétiques. Ainsi voyez plutôt cet amphigouri de Vadé :

Josaphat
Est un fat
Très-aride,
Qui croit être fort savant
Parce qu'il va souvent
Sous la zone torride,
Critiquant
Et piquant
Agrippine,
Pour avoir fait lire à Prault
Les ouvrages de Pro
Serpine.
Si le public lui pardonne
Tous les travaux qu'il se donne,
Il faut donc
Que Didon
Ait pour elle
Le droit d'aller dans le parc
Qu'on destinait à Marc
Aurèle.

Ce qui manque surtout dans les chansons de Vadé, c'est le tour ; car au fond c'est toujours la perpétuelle chanson française, *les Délices de Bacchus et de l'Amour*. Les Grecs chantaient aussi sur la même gamme; mais au lieu de chanter, pour ainsi dire, dans un cabaret, comme nos chansonniers français, ils chantaient dans un palais, à quelque banquet où les dieux de l'Olympe auraient pu s'asseoir sans honte ; aussi, au lieu d'Anacréon et de Panyasis, nous avions, il y a cent ans, Panard et Vadé.

Jean Steen, Van Ostade, Téniers et Brauwer, ont reproduit avec leur naïf esprit toute la poésie familière de la vie des Flandres. Comment se fait-il que leurs tableaux aient un charme si vif, quand ceux de Vadé sont presque repoussants? C'est qu'à force de couleur et d'accent la peinture s'élève toujours jusqu'à l'art, quel que soit le sujet qu'elle aborde, tandis que la poésie perd son caractère et sa magie quand elle abdique le respect d'elle-même. La peinture peut ne séduire que les yeux ; la poésie commence par frapper l'âme : or, quel est celui d'entre nous dont l'âme serait frappée par l'œuvre fameuse de Jean Vadé, la *Pipe cassée, poëme épi-tragi-poissardi-héroï-comique,* dont il est impossible de citer quatre vers sans offenser la langue de tout le monde et la pudeur de toutes les femmes, même de celles qui ne sont pas pudiques ?

Il y a pourtant un jour dans l'année où Vadé est un poëte national, un triste jour pour l'esprit français : le Mardi gras. Oui, Vadé a saisi d'un franc pinceau l'image de cette Muse harengère, qui, les poings sur la hanche, les yeux allumés, la gorge demi-nue, jette à la foule ébahie, du haut d'un char de mascarades, ses bachiques et insolents quolibets.

LES PETITS ROMANS
DE L'ABBÉ PRÉVOST

I

Ce n'est point assez de lire *Manon Lescaut* pour connaître l'abbé Prévost.

Je sais de lui plus d'une histoire charmante que nul ne connaît. Je commencerai par me demander, et par vous demander à vous-même :

— *Manon Lescaut a-t-elle existé ?*

Je continuerai par les *Petits Contes de Demoiselles d'Opéra au* xviiie *siècle ;* de merveilleuses peintures de la vie galante et romanesque.

Je vous donnerai l'*Histoire de Fanchon ;* toute une histoire intime.

Enfin, le premier et dernier chapitre de ce

livre introuvable : *La suite de l'histoire de l'abbé Prévost*. C'est la philosophie de cet immortel roman.

II

MANON LESCAUT A-T-ELLE EXISTÉ [1] ?

Manon Lescaut a-t-elle existé ? C'est l'éternelle question que poseront toujours les lecteurs devant les héroïnes des poëtes et des romanciers. Le rêve et la vie se tiennent de si près que beaucoup d'esprits supérieurs ont déclaré n'en pas connaître les limites. Où commence et où finit la vie corporelle ? Le corps n'est que le point de départ de l'âme voyageuse. Depuis que les poëtes et les peintres ont continué l'œuvre de Dieu par les créations de l'esprit, nous avons adoré leurs images avec la même passion que les figures visibles. Mais Manon a une force de vie qui appartient à la

[1]. Nous prenons ces pages à la nouvelle édition de *Manon Lescaut*, publiée par Jouaust, une merveille par la typographie et par les eaux-fortes d'Edmond Hédouin.

vie elle-même, Manon Lescaut a existé dans le cœur plus encore que dans l'esprit de l'abbé Prévost.

Son histoire est le *roman* du romancier.

Les esprits romanesques, qui sont peut-être les vrais esprits puisque la vie est un roman, me suivront dans cette tentative périlleuse de lire dans un livre fermé : le cœur de l'abbé Prévost. Je sens que mes pieds ne touchent pas toujours la terre. Je veux saisir la réalité, et je ne saisis souvent que son ombre. J'évoque des sentiments par à peu près, mais j'arrive pourtant à plus d'un point d'appui pour refaire l'histoire de ce roman. L'abbé Prévost ne contait pas par ouï-dire, il était toujours acteur ou spectateur, on le reconnaît à chaque page. Par les journaux du temps, par les libelles, par les chansons, on le voit passer dans la vie à peu près comme on nous voit passer aujourd'hui. A force de chercher, on le retrouve, comme les plus célèbres, dans l'ombre de Voltaire, de Fontenelle, de Marivaux. Voilà pourquoi on peut croire ce que je conte ici.

Tous les hommes poursuivent ici-bas une chimère : la fortune, l'amour, la poésie ou la renommée. Les chimères ne sont pas démodées depuis l'âge d'or, et elles nous appellent encore aux dangers du naufrage. Manon est la charmeuse qui vient toujours passer sous les yeux de l'abbé Prévost, soit qu'il chante au corps de garde, soit qu'il prie dans sa cellule. Sa chimère est faite d'amour et de poésie : que lui importent la renommée et la fortune ? Manon, c'est pour lui le rêve, mais c'est aussi la vie.

Dans son roman, l'abbé Prévost se met lui-même deux fois en scène. Des Grieux, c'est lui, c'est sa passion ; Tiberge, c'est lui encore, c'est sa conscience.

Gœthe n'eût pas manqué d'encadrer cette grande idée dans toutes les figures divines et infernales ; l'abbé Prévost, dans l'humilité de son génie, se contente de représenter sa conscience par la figure d'un ami.

Oui, l'abbé Prévost représente tour à tour dans sa vie Des Grieux et Tiberge ; ces deux caractères de son roman peignent, avec tout l'accent de la vérité, les deux natures qui se combattaient sans relâche dans ce cœur si ardent et si faible ! Des Grieux et Tiberge, c'est l'action et la réaction, le flux et le reflux, la folie qui s'échappe au galop comme la cavale sauvage, la raison qui la saisit à la crinière et la dompte en la caressant. L'abbé Prévost n'a pu exprimer les contradictions de son cœur qu'en se peignant sous deux figures contrastantes, le bien et le mal, la passion en révolte et la conscience qui s'humilie. C'est le livre de la vie.

L'abbé Prévost a écrit son roman à Londres pendant son exil, à l'âge où l'on se souvient, à l'âge où déjà on évoque le passé. Manon Lescaut est un souvenir, un souvenir du pays, mais surtout un souvenir du cœur. La preuve est à chaque page du livre, dans la vérité du récit, dans la vérité de la passion. Un rêveur n'arrive jamais là. Gœthe a peint Marguerite et Mignon sur la toile des visionnaires, l'abbé Prévost a mis toute sa jeunesse dans *Manon Lescaut*. Les plus beaux romans sont faits par la destinée, par le hasard, par Dieu lui-même : le meilleur romancier est celui qui se souvient. La preuve est aussi à chaque page de la vie de l'abbé Prévost, qui va sans cesse de Tiberge à Des Grieux et de Des Grieux à Tiberge.

Mais voyez son histoire.

François Prévost d'Exiles était né en avril 1697, à Hesdin, dans l'Artois. Son père, procureur du roi au bailliage, fut son premier maître. Il étudia bientôt sous les jésuites d'Hesdin, qui furent heureux d'avoir à leurs leçons un jeune esprit ardent et doux, plein de zèle pour l'Étude comme pour la Religion. Quand l'écolier eut quinze ans, son père l'envoya finir ses études à Paris, au collége d'Harcourt.

Dans ce premier voyage, il rencontra cette jolie Manon, si fraîche et si vive aux débuts du roman. Vous n'avez point oublié le charmant tableau de cette première rencontre. Le procureur du roi au bailliage voulait faire de son fils un abbé ; les parents de Manon l'envoyaient à Amiens pour y être religieuse. Mais voilà que le futur abbé rencontre la future religieuse. Ce sont bien là les jeux de la destinée. L'écolier s'avança timidement vers celle qui était déjà « la maîtresse de son cœur, » elle voulut bien remettre au lendemain son entrée au couvent, afin d'avoir le plaisir de souper avec celui qui parlait si bien de la tyrannie des parents et du bonheur d'aimer.

Que de fois l'abbé Prévost, dans son journal et dans ses lettres, parle de la vérité de son récit ! « Rien n'est plus exact et plus fidèle que cette narration ; je dis fidèle, jusque dans la relation des réflexions et des sentiments. » Tout est romanesque, mais tout est simple Relisons les premières pages : Des Grieux se promène avec Tiberge ; arrive le comte d'Arras, naturellement la curiosité les conduit à l'hôtellerie où descendent les voyageurs. Manon apparaît à Des Grieux ; elle est si charmante que cet adolescent qui jusque-là n'a jamais regardé une femme en face, « s'enflamme jusqu'aux transports ; » il ose lui parler ; elle lui apprend qu'elle va se faire religieuse : « L'amour me rendait déjà si éclairé, depuis un moment qu'il était dans mon cœur, que je regardais ce dessein comme un coup mortel pour mes désirs. » Manon lui dit que c'était la volonté du ciel, et Des Grieux, destiné lui-même à la vie religieuse, se met à combattre contre Dieu ; on sait le reste. Dieu, pour lui, c'est Manon ; Dieu, pour elle, c'est Des Grieux. Aussi Des Grieux enlève Manon, si ce n'est Manon qui enlève Des Grieux. Tout cela est fait et dit à l'emporte-pièce : pas un mot de trop, mais pas un mot de moins. Pendant l'enlèvement « nos postillons et nos hôtes nous regardaient avec admiration. » Je le crois bien, des amoureux si amoureux, des amoureux si beaux et si jeunes. Aussi, qui donc songera à s'émouvoir si à Saint-Denis ils oublient leurs projets de mariage, car il paraît qu'ils en avaient parlé ? « Nous fraudâmes les droits de l'Église et nous nous trouvâmes époux sans y avoir fait réflexion. » Et quelle lune de miel ! Mais au dernier quartier, trois semaines après, un croissant fatal toucha le front de Des Grieux, Manon avait déjà rencontré un fermier général. Et Des Grieux pleura toutes ses larmes. Comme on sent bien que ces larmes-là sont versées par l'abbé Prévost!

Cependant l'abbé Prévost arriva au collége d'Harcourt, mais dans quel couvent alla se perdre Manon ?

Les jésuites, émerveillés de l'intelligence de Prévost, de sa douceur, du charme de sa figure, le caressèrent et le décidèrent au noviciat. Son cœur battait sans doute au souvenir de Manon. Cette image si fraîche et si souriante lui apparaissait à la porte du monde. Mais Dieu parlait plus haut que Manon. Cependant un matin, à peine avait-il seize ans, accoudé sur un in-folio, il entend la vitre qui résonne aux battements d'ailes d'un oiseau. C'était une hirondelle qui se trompait de fenêtre pour bâtir son nid.

Il n'en fallut pas davantage pour changer la vie du studieux écolier; il ouvrit la fenêtre : au-dessus des toits, il vit le ciel, le soleil, un bouquet d'arbres que le vent agitait. Il se remit à étudier; mais la cellule où il était lui parut tout d'un coup si triste, si sombre, si désolée, qu'il s'enfuit comme l'hirondelle — vers les printemps !

Quand il se vit dans la rue, il se demanda où il allait, avec un peu d'effroi, en songeant à la sévère figure de son père. Il se dit qu'il n'oserait jamais le revoir; il n'osa même pas lui écrire. Chercha-t-il Manon dans ce dédale des passions humaines qu'on appelle Paris? Il ne l'a pas dit; il est permis de douter qu'il ait été fidèle au souvenir de ce premier amour. Dans sa soudaine échappée, s'il avait retrouvé celle qu'il appelait mademoiselle Lescaut, comme il eût éprouvé avec délices « la douceur de se laisser vaincre ! » car il se croyait encore tout à Dieu.

On voit que chez Prévost le roman de la vie commence de bonne heure. On n'a pas le mot à mot de cette page de sa jeunesse. On sait seulement qu'après quelques jours de poétique vagabondage dans Paris, il s'enrôla comme simple volontaire, espérant faire son chemin dans l'armée. Il se conduisit vaillamment, mais ne fit pas fortune. Il assista aux dernières batailles de Louis XIV. Il vit finir la guerre sans espoir de gagner un grade; ne voulant pas, dans son ardeur pétulante, rester soldat durant la paix, il courut s'enfermer à La Flèche, chez les Pères jésuites. Il voulait déjà renoncer aux séductions et aux vanités du monde.

Touché des remontrances de son père, croyant entendre Dieu qui parlait à son cœur, il jura de vivre désormais dans la solitude d'un cloître. Tant que l'hiver dura, il se complut dans cette vie de travail et de contemplation. Les tristesses de novembre, les neiges de janvier achevèrent de le fortifier dans ses sages résolutions ; il voulait savourer longtemps les austères voluptés, les lis sans parfum cueillis au pied de la croix. Mais revint le printemps. « Je suis perdu ! » s'écria Prévost au premier rayon de soleil qui tomba sur son front. Les hirondelles étaient revenues ! Il alla se confesser au directeur : « Mon père, voilà encore mon cœur qui s'ouvre aux séductions du monde. Sauvez-moi, empêchez-moi d'entendre toutes ces joies trompeuses qui m'appellent à ma perte. Je veux vivre avec vous, vivre pour Dieu, dans les voies sacrées où vous marchez. »

Après cette confession, Prévost s'engagea par serment dans l'ordre des Pères jésuites. Durant quelques jours, une ferveur renaissante enflamma son cœur et son esprit; il composa une ode à saint François Xavier; mais l'ode fut à peine rimée que cette belle ferveur s'évanouit. « Je reconnus que ce cœur si vif était encore brûlant sous la cendre. Mes livres étaient des amis, mais ils étaient morts comme moi. » L'image de Manon était revenue flotter sous ses yeux, comme une fée qui promet les enchantements; il avait entendu la voix de cette charmeuse perdue dans les écueils. Elle lui criait : « Viens! viens! viens! » Il se jetait à genoux, il appuyait son front sur le marbre de l'autel, il voulait éteindre sa lèvre sur la croix; mais qu'avait-il rencontré, le rêveur profane? la lèvre fraîche et parfumée de Manon. « Non, s'écriat-il, non, je ne suis pas né pour prier, mais pour aimer; l'ombre du cloître est un manteau de plomb trop lourd pour mes épaules. O mon Dieu! accordez-moi un peu de soleil et un peu d'amour. ce n'est point un suaire qu'il faut sur mon cœur, c'est un cœur qui bat[1]. »

Et, disant ces mots, il voyait s'avancer vers lui, dans toute la grâce et dans tout l'attrait de ses seize ans, cette fraîche beauté qui avait soupé avec lui à Amiens et *fraudé les droits de l'église* à Saint-Denis. « Je la retrouverai ! » dit-il en tendant les bras. Il était dans la cour de l'abbaye. Voyant la porte ouverte, il partit sans avertir personne. Une seconde fois il quitta Dieu pour le monde.

Il avait appris pendant sa première campagne que Manon ne suivait pas mieux que lui le vœu de ses parents ; un soldat d'Amiens lui dit que cette jolie fille était toujours à Paris, vivant sur le capital et sur les revenus de sa beauté. Prévost courut à Paris. Que n'eût-il pas donné pour la revoir, dût-il la reperdre aussitôt, cette charmante créature toute de séduction et de perversité, qu'il avait embellie encore dans sa poétique imagination? La retrouva-t-il parmi

---

[1] « Je n'étais nullement propre à l'état monastique, et tous ceux qui ont eu le secret de ma vocation n'en ont jamais bien auguré. »

toutes celles qu'il a si bien peintes dans « les Soupers de Paris[1] ? » Il reprit du service pour vivre à sa guise « des hasards de l'amour. » Ne faudrait-il pas dire : des amours de hasard ? Cette fois, grâce à quelque protection, il partit pour la guerre avec un grade. Ce fut la période de sa vie la plus romanesque, la plus aventureuse, la plus singulière.

On a conservé quelques pages et quelques lettres de lui sur sa vie de soldat. « Quatre années se passèrent à ce métier des armes. Vif et sensible au plaisir, j'avouerai, dans les termes de M. de Cambrai, que la sagesse demandait bien des précautions qui m'échappèrent. Je laisse à juger quels devaient être, depuis l'âge de vingt à vingt-cinq ans, le cœur et les senti-

---

[1]. Ne la reconnaît-on pas parmi les demoiselles X, XI, XII et XIII dans un souper à la petite maison du chevalier ***? Mademoiselle XIII ressemble furieusement à Manon par « la magie des yeux d'où se répandaient mille charmes, » par cette bouche entr'ouverte « pour montrer ces dents si petites et si blanches, » par ce « front étroit où les cheveux étaient placés divinement, » par ces tempes expressives « où serpentaient deux belles veines, » par ces « mains enfantines qu'on aurait cru volées à quelque statue de l'amour. » *Lettre au prince de Conti*.) Adorable portrait français par un poëte grec !

ments d'un homme qui a composé le *Cléveland* à trente-cinq ou trente-six ans. »

Longtemps, en vain, il chercha Manon ; Manon, la seule qui ait charmé ses yeux et parlé à son âme. Ne pouvant la trouver, il tente de se tromper lui-même ; l'une sourit comme Manon, l'autre en a tous les dehors ; mais il a beau s'aveugler et s'étourdir, son cœur ne veut pas les reconnaître, tous ces méchants portraits qui ne rappellent la figure aimée que pour la faire regretter davantage. En vain il veut abuser son cœur : on n'abuse pas la passion.

Un jour, il n'y pensait plus, tant il était emporté par le courant des folles aventures, il soupait au célèbre cabaret de la Cornemuse, en joyeuse compagnie ; dans la salle voisine on soupait plus bruyamment encore. Il écoute les éclats de rire, les gais propos, les refrains gaulois ; il se lève de table, s'approche de la porte et jette un regard surpris sur ce spectacle animé.

Parmi les trois ou quatre femmes qui trinquaient et chantaient, dans les fumées du vin de

champagne, il en voit une plus belle et non
moins folle que les autres. « C'est elle ! » s'écrie-
t-il pâle et frappé au cœur. Il entre résolûment,
l'épée à la main, prêt à tout. Les hommes
étaient ivres au point qu'ils ne s'occupèrent pas
de lui. « C'est toi ! c'est vous ! » dit-il en s'arrê-
tant devant celle qu'il cherchait depuis si longtemps. La belle fille se mit à rire aux éclats.
« J'en connais plus d'un, répondit-elle ; mais
pour vous, je ne vous connais pas. — Ah ! tu ne
me connais pas ? dit-il en l'entraînant dans le
fond de la salle. Et pourtant je t'ai aimée plus
que ma vie, je t'ai aimée au pied de la croix, au
champ de bataille, partout où j'ai porté mon
cœur ! Ah ! tu ne me reconnais pas ! et moi je
pleure en te retrouvant. — Vous pleurez ? murmura-t-elle, de l'air d'une femme qui n'est pas
habituée aux larmes. A présent, poursuivit-elle
tristement, je vous connais ; vous n'êtes plus un
enfant aujourd'hui : une épée et des mous-
taches ! — Je ne vous quitte pas, reprit-il en
l'appuyant sur son cœur ; je vous suivrai partout,
fût-ce au bout du monde ; mais tu ne demeures

pas si loin. Où demeures-tu ? » Elle baissa la tête et répondit d'une voix mourante : « Où vous voudrez. »

Prévost pensa qu'elle n'était plus comme il l'avait rêvée. « Mais qu'importe ce qu'elle est ? je la retrouve et je l'aime. » Il l'emmena sans obstacle. Il passa plus d'une année avec elle dans tous les enchantements, dans toutes les angoisses d'un pareil amour. Il lui fallait veiller sur sa maîtresse l'épée à la main ; mais il lui fallait aussi fermer les yeux : la question d'argent le forçait souvent à s'effacer dans l'ombre d'un plus riche [1]. Elle l'aimait, mais elle ne répondait pas d'elle, car elle avait pris l'habitude de vivre sans autre souci que le plaisir. Or, pour elle, le plaisir c'était l'amour, les mains pleines d'or. L'abbé Prévost eut beau faire, elle lui échappa. Les maîtresses sont des oiseaux qui,

[1]. On a des vers de lui à sa maîtresse où je remarque celui-ci :

Je ne veux de toi que ton cœur !

C'est plutôt Manon qui lui dit cela à celui qui fut « l'amant de cœur ».

un beau matin, s'envolent par la fenêtre pour aller chanter ailleurs. En voyant la cage déserte, Prévost tendit les bras avec douleur. « Adieu ! dit-il en pleurant ; adieu ! cruelle, je n'ai plus qu'à mourir. »

Et il alla « mourir » chez les bénédictins de Saint-Maur. « Ce triste dénoûment me conduisit au tombeau : c'est le nom que je donne à l'ordre respectable où j'allai m'ensevelir, et où je demeurai quelque temps si bien mort que mes amis et mes parents ignorèrent ce que j'étois devenu. » Ne croyez pas qu'il oubliât sa maîtresse dans son refuge. Cette coureuse d'abîmes, qui l'avait entraîné en plus d'un naufrage, chantait toujours la chanson de la jeunesse à ce cœur faible, habité par le souvenir. Les pieuses lectures, les sévères austérités, les extases de la prière, ne pouvaient le détacher de cette image adorée.

Il n'avait que vingt-quatre ans ; il se tint ferme jusqu'à trente à la planche de salut du cloître. Il écrivait alors : « Je connais la faiblesse de mon cœur, il faut que je veille sans cesse.

Je n'aperçois que trop de quoi je redeviendrais capable, si je perdais un moment de vue la grande règle, ou même si je regardais avec la moindre complaisance certaine image qui ne se présente que trop souvent à mon esprit, et qui n'aurait encore que trop de forces pour me séduire, quoiqu'elle soit à demi effacée. Qu'il en coûte à combattre pour la victoire, quand on a trouvé longtemps de la douceur à se laisser vaincre ! »

Pour abuser encore son cœur, il se jeta dans les disputes théologiques et dans les ardeurs de l'étude. Il passa dans toutes les maisons de l'ordre : à Saint-Ouen de Rouen, à l'abbaye du Bec, à Saint-Germer, à Évreux.

Ce fut d'abord à Évreux qu'il révéla son éloquence chrétienne ; aussi toute la belle compagnie de la ville et des châteaux voisins se donna bientôt rendez-vous dans la cathédrale comme à une fête mondaine. L'abbé Prévost, déjà brisé à tout, avait dans son onction je ne sais quelle grâce cavalière que lui avaient donnée ses aventures amoureuses et ses stations chez les mousquêtaires. Il faisait adorer Dieu, mais on l'aimait beaucoup par-dessus le marché ; « on n'avait jamais vu une si grande ferveur dans cette cathédrale ». Toutes les femmes pleurèrent quand il quitta Évreux pour venir aux Blancs-Manteaux de Paris. Aux Blancs-Manteaux il ne fit que passer pour prendre pied à la célèbre abbaye de Saint-Germain-des-Prés. On sait que c'était la véritable académie religieuse. Il fut caressé par tous les bénédictins, qui lui donnèrent une plume ou plutôt qui prirent la sienne pour travailler à la *Gaule chrétienne*. On lui doit donc tout un in-folio de ce recueil savant. Les bénédictins, du reste, étaient des gens du monde ; aussi lui fut-il permis de se distraire de la science historique par l'imagination romanesque. Ce fut alors qu'il écrivit les deux premiers volumes des *Mémoires d'un homme de qualité*. Il était beau conteur ; après l'avoir écouté on voulut le lire. Son roman fit fortune à l'abbaye pendant les longues soirées d'hiver ; « on raconte que les bons pères, quand il contait ses romans, perdirent si bien le goût du sommeil que l'aurore les surprit un jour écoutant dom Prévost[1]. »

Ainsi il croyait oublier, « mais que pouvait-il me servir de vaincre puisque chaque jour le combat se renouvelait contre mes passions mutinées? » Aussi une troisième fois devait-il donner le scandale de briser sa chaîne. « Il sortit de Saint-Germain, ses amis l'attendaient au jardin du Luxembourg, où ils le dépouillèrent de ses habits monastiques. » Il passa le reste de la journée et une partie de la nuit à se réjouir avec eux; mais le lendemain il eut peur du scandale, il s'enfuit avec ses manuscrits en Hollande, d'où il passa en Angleterre, pour retourner encore en Hollande. Ce fut là qu'il publia les *Mémoires d'un homme de qualité*. On cria à la

---

[1]. C'était un plaisir trop doux, qu'il ne refusait ni à lui ni aux autres; il fut réprimandé. Ne s'avouant pas qu'il voulait sortir encore une fois de la cellule, l'abbé Prévost demanda « sa translation dans une branche moins rigide de l'ordre » : il lui fallait un peu de liberté, sinon la liberté pleine et entière. Comptant sur sa demande, il s'échappa un matin par provision de Saint-Germain-des-Prés; le bref qu'il attendait ne fut pas fulminé : craignant les suites de cette troisième désertion, qui était plus sérieuse que les autres, il s'enfuit en Hollande, résolu de vivre désormais où il plairait à Dieu, confiant dans son esprit et dans son étoile.

bizarrerie. « Eh! mon Dieu, dit-il, tout cela est bien moins romanesque et moins étrange que ma vie. Il y a quinze ans que je suis embrouillé dans mon propre roman. » Et il répétait le vers de Boileau. Aussi son historiographe dit-il avec raison : « Il a consacré sa vie à écrire des aventures imaginaires presque aussi incroyables que les siennes. »

C'est à cette date qu'il faut marquer un voyage incognito à Paris, où d'ailleurs il avait reconquis droit de cité. Venait-il se hasarder encore à ces voluptés des passions dont il avait gardé la saveur sur les lèvres, car il ne se plaignit jamais que l'amour lui fût amer? Revit-il encore Manon, qui certes alors était une fille à la mode facile à découvrir dans le monde des soupeurs, des désœuvrés et des joueurs? Assista-t-il à cette déchéance de la courtisane qui, dans tous ses amants, n'avait pas trouvé un seul ami sérieux pour la sauver de Saint-Lazare ou des Madelonnettes un jour de maladie ou d'esclandre?

Peut-être l'abbé Prévost joua-t-il un peu le rôle de Des Grieux dans les stations de son martyre de Paris au Havre, quand il accompagnait à cheval sa « chère maîtresse, » parmi ces douze filles abandonnées que la fatale charrette allait jeter hors de France. On se rappelle que le roman commence par cette vraie scène d'un chef-d'œuvre ; il y a là six pages qui sont la plus vive peinture des choses et des sentiments. Quand le marquis de ***, étonné d'un désordre inaccoutumé dans une petite ville de Normandie, demande à un archer : « Pourquoi tout ce bruit ? — Ce n'est rien, monsieur, c'est une douzaine de femmes publiques que je conduis jusqu'au Havre de-Grâce. » Et parmi ces douze filles « enchaînées six à six par le milieu du corps, » il y en avait une qui avait gardé toute sa beauté et tout son charme, c'était Manon Lescaut. Tout est tableau dans cette rencontre : « l'effort si naturel » que fait Manon pour se cacher; Des Grieux qui pleure dans un coin, tout enseveli dans son désespoir ; les archers qui font gaiement leur besogne et qui ont le mot pour rire, comme par exemple celui qui dit : « Nous avons tiré Manon de l'hôpital par ordre de M. le lieutenant général de police. Il n'y a point d'apparence qu'elle y eût été renfermée pour de bonnes actions. »

Mais pourquoi donner la copie, par un coup de crayon, d'une scène si merveilleusement peinte? Quiconque a lu ces six pages les gardera toute sa vie gravées à l'eau-forte dans sa mémoire. Je ne la rappelle que pour me demander si celui qui pleure dans un coin n'est pas l'abbé Prévost lui-même, retrouvant Manon quand il est trop tard pour la sauver. Et alors, après un éternel adieu, le romancier s'est substitué à l'amant : par l'imagination seulement il l'a accompagnée en Amérique et il l'a enterrée de ses mains dans les sables du désert, comprenant que c'en était fait de l'amour et de la jeunesse. Voilà pourquoi le livre a une fin digne de son commencement ; nul romancier n'a si bien trouvé, peut-être parce que nul romancier n'a si bien aimé.

Cependant, comme a dit Chamfort, il faut que le cœur se brise ou se bronze. On vit de tout, même de son chagrin, même de sa plume.

Les *Mémoires d'un homme de qualité* donnèrent à l'abbé Prévost de quoi vivre quelque temps. Le succès surpassa ses espérances. Pour donner plus de prix à une seconde édition de ce livre, il songea à y joindre, en forme d'épisodes, quelque nouvelle histoire ; il chercha un sujet, un héros, une héroïne, un commencement et une fin. L'image de sa « chère maîtresse » ne lui souriait-elle pas à travers ses larmes ? Plus il s'en éloignait, et plus elle s'embellissait de teintes poétiques : le souvenir a des prismes sans nombre et ne garde que le côté charmant des tableaux de l'amour. C'était une héroïne toute trouvée, une figure adorée qu'il allait peindre avec amour. Pour le héros, il n'avait qu'à se peindre lui-même. Un peu d'imagination pour mettre en scène et colorer la vérité dans le tableau de la vie intime du xviiie siècle, et voilà le roman, et voilà le chef-d'œuvre.

Il prit son œuvre au sérieux : il y mit son cœur et ses larmes. Le livre achevé, il ne l'oublia pas comme les autres ; il l'aimait et le consultait en ses jours de tristesse, comme nous consultons un ami qui sait notre plus cher secret. Entre autres preuves de cet amour de l'écrivain pour son œuvre, on peut voir la critique que l'abbé Prévost fit lui-même de *Manon Lescaut* dans son journal *Le Pour et le Contre*. « Ce n'est partout que peintures et sentiments, mais des peintures vraies et des sentiments naturels. Je ne dis rien du style, c'est la nature même qui parle. »

L'abbé Prévost eut certes d'autres passions; mais non plus de ces adorables passions de jeunesse qui ont l'emportement des chevaux de race. On a beaucoup parlé de ses amours en Hollande avec une demoiselle protestante, ce qui fut un double scandale, scandale de religion et scandale de mœurs. La protestante le voulait convertir deux fois; il traversa tous les orages et toutes les satires. L'abbé Lenglet-Dufresnoy, au to II de sa *Bibliothèque des romans*, le malmène beaucoup à propos de cet amour; il l'accuse d'avoir enlevé une protestante, tandis que l'abbé Desfontaines l'accuse de s'être laissé enlever. Il y a peut-être du vrai dans les deux critiques : celui qui enlève une femme n'est pas bien sûr de n'avoir pas été enlevé. Quoi qu'il en soit, les autres passions de l'abbé Prévost n'eurent plus le charme des *juvenilia*. Que de fois il a dû s'écrier avec ses autres maîtresses : « O Manon, où es-tu ? »

III

Manon a fait la douleur et l'immortalité de son amant-poëte, mais n'a-t-elle pas empêché d'apercevoir tant de sœurs charmantes et attendries que l'abbé Prévost lui avait données dans le cadre de ces belles histoires : *La jeune Grecque, Cléveland* et *Le Doyen Killerine ?* N'a-t-elle pas empêché, avec ses échelles de rubans et les feux de ses diamants, larmes cristallisées, d'admirer le bénédictin dans sa cellule, travaillant pour sa bonne part à cette œuvre immense de la *Gallia christiana ?* N'a-t-elle pas empêché de saluer le journaliste encyclopédique, toujours prêt aux aventures de la lutte quotidienne, et voyageant dans l'*Histoire des voyages*, quand il n'a pas assez d'argent pour fréter le vaisseau des passions ?

Par exemple, qui connaît ces jolis tableaux de la vie intime au xviiie siècle ? Comme on sent que cela est peint d'après nature, presqu'au sortir de ces galantes orgies de raffinés !

Lisez plutôt :

IV

PETITS CONTES DE DEMOISELLES D'OPÉRA
AU XVIII° SIÈCLE

LETTRE DE L'ABBÉ PRÉVOST AU PRINCE DE CONTI

Vers le soir j'allai à la petite maison du chevalier. La compagnie était déjà rassemblée. Les hommes... que nous importe! les femmes... écoutez bien : on avait deux des plus célèbres actrices de l'Opéra, avec deux fort jolies personnes, l'une maîtresse d'un directeur de la Compagnie des Indes, qui était allé depuis deux jours à Lorient pour la vente des marchandises ; l'autre d'un homme de robe, qui avait eu le matin une attaque de goutte. En arrivant, je trouvai la joyeuse bande qui sortait du salon pour entrer au jardin. Je fus présenté aux quatre demoiselles comme un homme riche et de qualité, à qui les femmes n'avaient encore rien inspiré depuis plus de deux mois que j'étais à Paris. Oh! cela est tout à fait nouveau, interrompit mademoiselle X, l'une des deux actrices ; et s'adressant à moi d'un air libre et folâtre : « Est-ce à nous, monsieur, me dit-elle, que vous réserviez votre cœur? Venez, venez ; mes chaînes, continua-t-elle, en roulant sur ce mot, sont d'une douceur charmante. » Mademoiselle XI, l'autre actrice, m'arrêta par le bras, et me dit du même air, en roulant aussi sur le dernier mot : « Non, non, monsieur, c'est une conquête dont je dispute la gloire. » Aussitôt, mademoiselle XII, maîtresse du directeur, s'avançant vis-à-vis de moi, me fit un compliment poli, mais dans des termes plus simples. Mademoiselle XIII, maîtresse de l'homme de robe, ne lui laissa que le temps de finir, et me fit aussi le sien. Je conçus à merveille que, sur le titre d'homme arrivé depuis deux mois, les quatre friponnes avaient voulu me mettre d'abord à l'épreuve. J'affectai le même badinage ; et, leur répondant successivement dans le même ordre, avec les mêmes roulements, je dis à la première que c'était l'amour même qui m'avait réservé pour ses chaî-aî-aî-aî-aînes, et que j'en pressentais déjà les douceurs ; à la seconde, qu'ayant assez de cœur pour rendre double service à l'amour, je ne lui disputerais pas ma conquête, trop heureux qu'elle y mît sa gloi-oi-oi-oi-oire ; à la troisième, que je n'étais pas d'un âge à mettre de la différence entre deux et trois ; à la quatrième, que si elle voulait de moi, tout divisé que je serais entre quatre, je tenais un peu du serpent coupé en pièces, dont chaque partie ne laisse pas d'être vivante et sensible.

Ce début, qui fut soutenu par quantité d'autres saillies, nous mit dans la plus joyeuse disposition qu'on puisse se représenter. Elle ne fit qu'augmenter, sans se refroidir un moment. Du côté de l'esprit, je trouvai dans les quatre demoiselles beaucoup plus que je n'avais espéré. Ce n'était pas des réflexions et des discours, de la vérité et du raisonnement. Mais qu'on me le définisse donc, car ce n'était pas des riens non plus, puisqu'il n'y a point d'effet sans cause ; ou, si l'on veut que ce fût des riens, c'étaient les plus jolis riens du monde.

Du côté de la figure et des talents, chacune avait son mérite. Mademoiselle X était une petite blonde, fort bien faite qui, dans deux petits yeux bleus bien ouverts, avait assez de feu pour en rendre quatre très-vifs. Tous ses mouvements étaient tournés de même à la vivacité et à l'enjouement. Son langage y répondait. Si le son en était charmant, il ne pouvait pas sortir aussi d'une plus jolie bouche. Elle chantait comme elle parlait, légèrement et d'un air badin. Sa voix n'avait pas l'étendue des plus grandes ; mais il y en a peu d'aussi flexibles et d'aussi douces.

Ce n'est point absolument par sa figure que mademoiselle XI aurait fait ma conquête. J'ai connu des gens qui l'admiraient ; mais une grosse tête, avec le front fort petit et le menton pointu, ne m'a jamais causé d'admiration. Elle me parut d'ailleurs fort mal faite, quoiqu'on m'assurât qu'elle n'avait pas toujours eu l'embonpoint qui lui rendait la taille trop courte et trop épaisse. En récompense, elle avait un fond infini d'agréments dans l'humeur, et le ton le plus fin de l'esprit dans ses moindres discours. Je n'ai jamais vu tant de fécondité à fournir de ces bagatelles agréables que j'ai nommées de jolis riens. La folle imagination! Après une partie de six ou sept heures, on aurait cru que toutes les plaisanteries qu'elle avait prodiguées lui étaient rentrées dans la tête pour en sortir sous une nouvelle forme. Peu de voix d'ailleurs, mais agréable; et le répertoire de chansons badines le plus complet que j'aie connu.

Pour la beauté, mademoiselle XII l'emportait de bien loin sur les trois autres. On voit peu de visages aussi réguliers. Le teint, les cheveux, le port et la taille assortis. De la vivacité, fort au-dessous des deux premières, mais assez pour s'animer avec le secours du vin de Champagne et de l'exemple. Un air trop réfléchi dans le badinage, qui venait peut-être de vanité et d'émulation. Elle méditait ce qu'elle avait à dire. J'en pris une meilleure idée de son jugement, mais elle lui faisait faire le rôle de la folie qui ne lui convient guère. On me dit qu'elle avait inspiré une passion si vive à son amant, qu'il avait eu quatre accès de fièvre de la nécessité de partir. Il l'avait obligée à la fidélité par des serments exécrables. Elle nous confessa qu'ils avaient été prononcés de bonne foi, mais qu'elle s'en était repentie le lendemain, et qu'elle n'était pas sûre de s'en souvenir le jour d'après. Mademoiselle XII ne chantait point. Son talent était la danse, qu'elle exerçait avec beaucoup de grâce et qu'elle regardait comme une ressource contre tous les revers de la vie, parce qu'ayant appris au magasin, elle croyait appartenir à l'Opéra.

Au premier coup d'œil, mademoiselle XIII n'était que jolie. A ceux qui la voyaient un quart d'heure, elle paraissait plus belle. C'était la magie de ses yeux, d'où il se répandait mille charmes sur toute sa personne. Quoiqu'elle eût le teint clair et la peau fort blanche, elle n'avait pas un trait régulier. Mais cet air dominant de deux yeux les plus fins et les plus tendres du monde, assortissait des choses qui n'étaient pas faites pour se trouver ensemble. Elle avait la bouche grande, par exemple, et les dents d'une petitesse surprenante; le nez provoquant, le front étroit et les tempes larges, le bras très-gros et la main fort petite. Mais le regard dont elle accompagnait un sourire le rendait enchanteur. Les lèvres de cette grande bouche étaient vermeilles. Ces petites dents, d'un ordre et d'une blancheur admirables. Sur ce front si étroit, les cheveux étaient placés divinement, et les tempes ne s'ouvraient si fort que pour y faire serpenter deux belles veines. Je n'ai rien vu de si piquant que ce petit nez un peu retroussé qui semblait remonter vers les yeux pour leur dérober un rayon. Enfin ces mains enfantines, qui étaient déplacées comme au bout d'un bras si charnu : on les aurait crues volées à quelque statue de l'amour. Avec tous ces agréments, mademoiselle XIII avait de l'esprit et de la gaieté, mais autant de caprice dans l'humeur que de bizarrerie dans la figure.

Nous commençâmes notre promenade comme de vrais fous, chantant, dansant, courant l'un après l'autre, pillant des fleurs pour nous les entre-jeter sur les coiffures et les perruques. Le vieux marquis était le premier à faire des sauts et des gambades. En passant devant les statues, je m'attendais à quelque réflexion conforme au sujet. Mais XII et XIII y jetèrent à peine un coup d'œil et passèrent sans dire un seul mot. XI dit d'un ton plaisant : « La belle instruction pour des Vestales ! » « Quelle modestie, reprit X, de croire qu'on puisse t'apprendre quelque chose. » Le marquis voulut hasarder quelque bouffonnerie libre, on lui répondit : « Vous tairez-vous, vieux libertin ? » En un mot, les statues perdirent leur montre. Pour moi, qui me souvenais des sales discours que j'avais entendus dans le même lieu au premier souper, et de la morale austère du second, j'admirai cet honnête tempérament dans nos quatre nymphes.

On s'avança jusqu'à la pièce de verdure, où la fraîcheur de l'herbe invita les demoiselles à danser régulièrement. On fit quelques pas de menuet qui se terminèrent par un branle aux chansons. Ensuite, on s'assit par lassitude. Les demoiselles choisirent pour siége le beau gazon qui était au pied du groupe de statues. Nous nous plaçons pêle-mêle entre toutes ces figures de marbre. On proposa des petits jeux. Il y en eut de toutes les sortes, et la plupart fort ingénieux. Je me souviens que dans celui des comparaisons, mademoiselle X, que je n'aurais pas soupçonnée de justesse d'esprit, se tira d'affaire deux fois par des comparaisons fort heureuses. Sur la demande, à quoi comparez-vous ma pensée? elle avait dit, à un œuf. Le mariage était la pensée, il fallait comparer un œuf au mariage. « Rien de si semblable, dit-elle, avec sa vivacité ordinaire, car ils ne sont bons tous deux que le premier jour. » Sur une autre demande, son mot avait été une basse de viole, et la pensée était un oreiller. La comparaison ne s'offrait à personne. « Oh! je les compare, dit-elle aussitôt. Ils adoucissent tous deux les inquiétudes du jour. »

On joua aux *Proverbes*, à l'*Alphabet d'amour*,

aux *Propos interrompus*, au *Petit Bonhomme vit-il*, à la *Bonne mère Angotte*, à *Vendez-vous du ruban*, au *Petit sifflet*, enfin à tous les jeux proposés, car il n'y a personne qui n'ait le sien à proposer dans ces occasions. Les gages furent tirés, et ce badinage se soutint avec un agrément infini jusqu'à l'heure de souper. Le maître d'hôtel étant venu dire gravement qu'on avait servi, tout le monde se plaignit d'être interrompu. C'était un vieux domestique qui avait élevé le chevalier. Les demoiselles trouvèrent plaisant de lui faire rompre la gravité de sa marche, pour le punir du contre-temps. Elles commencèrent à lui jeter de l'herbe et des fleurs, à le pincer, à lui faire un fouet de leur mouchoir; et les hommes, se mettant de la partie, monsieur le maître prit la fuite à toutes jambes, et fut poursuivi par l'orage jusqu'au bâtiment. La troupe folâtre y arriva fort en désordre et toute hors d'haleine.

Cependant l'appétit ne manquait pas plus que la gaieté. On se mit à table de fort bon cœur, à la vue d'un service qui ne flattait pas moins l'odorat que les yeux. J'observai qu'en se pla_ çant, les acteurs, sans être plus sérieux, prirent pendant quelque temps un air plus mesuré. Les demoiselles se traitèrent civilement de madame. Cette qualité m'ayant paru nouvelle, j'en demandai l'explication à mon voisin, qui m'apprit que c'était leur usage lorsqu'elles veulent se marquer de la considération ; soit parce que la plupart ont déjà l'avantage d'être mères, soit parce qu'elles peuvent le devenir. De même, elles ont l'habitude, en parlant des jeunes gens de la cour ou de la ville, de ne pas joindre à leur nom monsieur, ni d'autres titres. C'est familièrement Éraste et Damon : ce qui paraît encore fondé sur une sorte de droit, parce qu'ils ont été leurs amants, ou que du jour au lendemain ils peuvent l'être. A l'égard des femmes de condition, qu'elles négligent aussi quelquefois de nommer madame, en se contentant du *la*, qui est le style simple, comme la Bélise, la Dorimène, je ne puis découvrir quelle est la source de cet usage.

A mesure que l'appétit cédait à l'envie de parler et de rire, on recommença le badinage et les discours agréables. Je ne puis donner une juste idée de mille propos, qui tirent leur principal agrément des circonstances, et qui perdraient trop d'ailleurs dans un simple récit, c'est-à-dire dépouillés de la chaleur et de la vivacité de l'action. Mais ce qui entretient la joie pendant toute une nuit, ne saurait être insipide ; ce qui plaît si longtemps, ne peut être grossier et ridicule ; ce qui amuse l'esprit et les sens jusqu'à faire oublier tout autre soin, mérite assurément le nom de plaisir. Je n'en connaissais point encore de cette nature, où, sans blesser l'honnêteté des mœurs, on pût tirer parti, entre les deux sexes, de tout ce qu'ils peuvent employer mutuellement pour se plaire. La vertu n'est pas de si bonne composition dans une honnête femme ; mais le vice grossier ne s'arrête point aux mêmes formes. Dans une fête si vive, au milieu de la bonne chère et du vin, il n'échappa pas un mot ni un geste dont la bienséance pût être blessée. A la vérité, les équivoques, les allusions badines, les contes naïfs ou plaisants, les aventures d'amour et les intrigues de théâtre, le ridicule des airs et des manières furent des sujets fort exercés. Mais je n'aperçus nulle ombre de malignité pour la réputation d'autrui, de jalousie pour le mérite, de ressentiment même pour certaines préférences, sur lesquelles j'aurais cru plus de sensibilité aux demoiselles de cet ordre. Il semblait qu'à force de voir et d'entendre, elles eussent reconnu les justes bornes où elles doivent se renfermer, et qu'elles fussent accoutumées à ne pas porter leurs idées plus loin. A l'égard même des petites concurrences que j'aurais cru capables de les diviser entre elles, je remarquai que chacune se rendait à peu près justice et la rendait aux autres ; qu'elles avaient leurs degrés et leurs rangs établis ; que sachant bien d'ailleurs par quels principes les hommes se gouvernent, elles attendaient moins de leur propre mérite que du caprice des amants : et que les plus sottes ayant trouvé quelquefois les meilleures fortunes, une préférence présente n'était pas pour les autres une raison de jalousie, parce qu'elles avaient toujours l'espérance de plaire à leur tour, et souvent à ceux mêmes qui les avaient d'abord négligées. Enfin je leur trouvai non-seulement des façons et des usages, mais encore des principes qui leur étaient propres. Elles ne s'en écartèrent pas un moment ; et, dans la satisfaction qu'elles me causaient, je répétai plus d'une fois à l'oreille du marquis : « Elles sont charmantes. »

Il aurait été difficile que l'ennui se glissât dans notre assemblée, car un plaisir était toujours prêt à suivre l'autre. Le chant succéda aux propos de table. Mesdemoiselles X et XI nous amusèrent longtemps par une abondance de jolies chansons. Après s'être fait entendre successivement, elles nous donnèrent des *duo*, avec autant de justesse et de précision qu'à l'Opéra. Les couplets vinrent ensuite. Ceux qui n'ont point entendu chanter des couplets aux demoiselles X et XI, ignorent ce qu'il y a de plus agréable au monde. On finit par des rondes et des *chorus*, qui nous conduisirent fort avant dans la nuit. Le chevalier qui voulait faire sa cour à toutes nos belles, avait proposé de danser en sortant de table, pour faire briller le talent de mademoiselle XII. Mais, comme la nuit était fort claire, elle fut la première à souhaiter d'en passer le reste au jardin. Abandonner un plaisir tel que la danse, après avoir passé quatre heures à table, c'était marquer que nous avions des amusements de reste. On fit quelques tours d'allées qui aboutirent à retourner sur ce délicieux gazon, où nous avions passé deux heures avant le souper. Le marquis avait ses vues en nous y conduisant. Il était pour les histoires nocturnes, c'est-à-dire pour les petits récits entre clair et sombre, tels qu'il nous en avait procuré à notre seconde fête. Il en fit la proposition aux demoiselles, qui ne marquèrent point d'éloignement pour cette dernière scène. On s'assit, et mademoiselle X commença sans se faire presser.

« Ma vie, nous dit-elle plaisamment, n'a rien de plus héroïque que mes rôles de théâtre ; mais j'ai eu dans mes chaînes un héros dont je veux vous raconter une singulière aventure. Il avait entendu parler de moi jusqu'au fond du Nord ; car où n'ai-je pas porté la gloire de mes fers ?

Ayant été dangereusement blessé dans une bataille, il prit le prétexte de quelques douleurs qu'il ressentait après sa guérison, pour venir consulter les chirurgiens de Paris. Son premier motif était de me voir. Il me le protesta du moins à son arrivée, quoique la suite ait fait connaître qu'il avait besoin de secours pour sa blessure. Je ne fus point insensible à l'empressement qu'il marqua pour me plaire. Mais j'étais liée avec un autre amant qui n'était pas moins passionné pour moi et que je ne voulais pas perdre. Il était question d'accorder ces deux intrigues. Je trouvai un expédient merveilleux. Il ne me fut pas difficile de savoir à quels chirurgiens mon étranger s'était adressé. Je les allai voir. Je ne leur cachai point qu'il avait des vues sur moi, et je leur demandai si l'état de sa santé lui permettait de penser à l'amour. Ils me répondirent qu'étant beaucoup plus mal qu'il ne se l'imaginait, rien ne pouvait être si dangereux pour sa vie. Cette réponse favorisait mon dessein. Je leur dis qu'il dépendait d'eux de me rendre service et d'obliger tout à la fois deux honnêtes gens; ce qu'ils pouvaient faire d'un côté, en me donnant un certificat formel de leur décision, et de l'autre en persuadant la même chose à l'étranger. Ils y consentirent. Je partis fort contente de ma visite. Dès le même jour, j'expliquai à mon amant l'occasion qui se présentait pour moi d'obtenir des avantages considérables, et je lui montrai le certificat qui devait le rassurer. Aux doutes et au chagrin qu'il me témoigna, je répondis par des reproches et des plaintes. Ne lui offrais-je pas une preuve de tendresse et de fidélité ? N'aurais-je pas pu le tromper par des artifices ou le quitter sans ménagement? S'il ne fut pas persuadé de ma bonne foi, il m'aimait trop pour ne le pas feindre. Lorsque je fus assurée de lui, je tournai mes batteries vers l'étranger. Je lui dis que ne voulant point avoir sa mort à me reprocher, il était impossible que j'eusse pour lui toutes les complaisances qu'il désirait; mais que j'avais de la reconnaissance pour ses sentiments, du goût pour ses bienfaits, et que s'il était disposé à remplir ses offres, je serais fort assidue à le voir et fort attentive à lui plaire. L'ordonnance des chirurgiens, qui se joignit à mes représentations, le fit entrer dans toutes mes vues. Il se crut trop heureux qu'une fille de ma sorte voulût passer le jour près de lui dans l'oisiveté, pour une grosse somme néanmoins qu'il convint de me donner tous les mois. Je me trouvai la plus heureuse créature du monde ; riche par les libéralités de deux amants, et tranquille parce que je n'avais rien à me reprocher. L'amant du jour m'envoyait prendre le matin dans son carrosse pour me traiter délicieusement jusqu'au soir ; et l'autre était le soir à m'attendre chez moi, pour m'accabler de caresses jusqu'au lendemain. Cette agréable vie dura six semaines. Je ne m'en serais jamais lassée. Mais voyez de quoi le bonheur dépend et si la prudence y contribue beaucoup. Dans le temps que je croyais ma fortune établie, un maudit laquais... » Jusqu'ici le récit de mademoiselle X avait été fort sérieux ; mais voilà l'envie de rire qui la prend avec ces grands éclats que ceux qui l'ont connue peuvent se représenter. Nous la regardâmes avec surprise : toutes nos instances pour lui faire continuer son histoire ne purent arrêter ce transport. Comme elle se tenait les côtés, en recommençant toujours, nous nous mîmes à rire aussi pour la contrefaire. Cette voie nous réussit. « Ah ! le maudit laquais, reprit-elle. Aussi était-il Moscovite pour le moins, et ces gens-là n'entendent guère la plaisanterie. En me reconduisant le soir jusqu'à la porte de ma chambre, avec un zèle que je ne lui demandais pas, il aperçut sans doute mon amant qui m'attendait en robe de chambre. Quatre minutes se passent. On frappe à ma porte. C'était l'étranger. » Là-dessus les ris de mademoiselle X recommencèrent jusqu'à lui faire perdre haleine. Nous affectâmes d'être sérieux. — « Je ne trouve là rien de si risible, lui dit gravement le marquis. » Rien n'y servit. Il fallut encore laisser passer cet accès. « Ah ! s'écria-t-elle en éclatant comme une folle, je ris de mes souvenirs. Vous n'avez pas été témoins d'une si plaisante scène. Il était comme l'autre en robe de chambre et en bonnet de nuit, couvert de ses emplâtres et de ses cataplasmes. Jugez quel fut mon embarras au milieu de deux hommes qui étaient si peu contents de se rencontrer. Je me mis à rire comme je ne puis encore m'en empêcher. » Effectivement, les éclats recommencèrent. Enfin, après avoir ri jusqu'aux larmes, elle nous promit d'achever sérieusement. « Je pris néanmoins mon parti, reprit-elle, qui fut de lui demander ce qu'il souhaitait de moi si tard. Il me reprocha ce qu'il lui plut de nommer assez grossièrement ma friponnerie. Ce ton me piqua, mais sans me faire oublier qu'à la rigueur il y avait peut-être quelque chose de choquant pour lui dans ma conduite. Je tâchai de faire tourner l'aventure en plaisanterie. Cette affaire, lui répondis-je gaiement, peut être jugée de deux manières : ou par l'exemple, ou par le droit. De ces deux méthodes, si nous prenons la première, voilà un galant homme, continuai-je en lui montrant mon amant, qui se contente de me voir environ douze heures sur les vingt-quatre, et qui s'en accommode fort bien, quoiqu'il ne soit pas moins exact que vous à payer. En France, l'exemple est une règle. Cependant, ajoutai-je, si vous ne vous tenez pas à nos usages, et que vous imaginant m'avoir seule depuis six semaines, vous ayez prétendu me payer chaque jour pour les vingt-quatre heures, la difficulté n'est pas plus grande; il ne s'agit que de vous rendre la moitié de la somme. Cette plaisanterie, pendant laquelle il eut le temps de faire ses réflexions, ou peut-être la fermeté de mon amant qui ne paraissait pas fort ému de l'aventure, lui fit prendre le parti de se retirer sans me répondre. J'attendis impatiemment le lendemain, dans le doute si je verrais arriver son carrosse. Il ne m'envoya qu'une lettre accompagnée de cent louis. La lettre ne contenait pas le moindre reproche. Elle portait que se rendant justice, il reconnaissait qu'à son âge et dans sa situation, il ne devait pas exiger qu'une fille telle que moi lui sacrifiât ses plaisirs; qu'il me remerciait d'une complaisance qui s'était soutenue trop longtemps, et qu'il m'envoyait les dernières marques de sa reconnaissance. Je trouvai de la noblesse dans ce procédé. J'aurais été capable de lui renvoyer ses cent louis, si j'eusse été plus piquée. Mais je suis bonne. Je lui pardonnai le petit chagrin qu'il m'avait causé, et je lui fis le plaisir d'accepter son argent. »

Nous trouvâmes ce récit dans la vraisemblance de l'humeur et du caractère. Mademoiselle XI avait eu le temps de préparer le sien. Ce fut apparemment ce qui le rendit si court.

« J'ai eu des amants, nous dit-elle ; eh ! qui n'en a pas ? Mais ce qui peut vous surprendre à la première vue, j'en ai eu quarante de bon compte ; car j'ai toujours eu soin d'en tenir un état fort exact. Si vous demandiez comment cela arrive, on serait embarrassée soi-même à vous le dire. L'un déplaît, l'autre vous quitte. C'est un petit-maître qui n'est capable d'attachement que pour quinze jours ; un officier qui n'a que six semaines à passer à Paris ; un homme de robe ou d'église qui craint le scandale au bout de trois mois. On n'est pas maîtresse de la constance d'autrui. Mais je vous proteste, foi d'honnête fille, que je n'ai jamais eu deux intrigues à la fois. Ainsi, toutes mes infidélités sont sur le compte des hommes. Il y a quelques années qu'un fort honnête financier prit un goût très-vif pour ma figure. J'étais libre, je ne le rebutai pas. Il était prêt à conclure, lorsque le hasard le fit tomber dans mon cabinet sur un écrit intitulé : « Liste de mes amants. » Ils y étaient tous, noms et titres, avec la date de l'engagement et de la séparation. Je m'aperçus de l'effet que cette découverte produisait sur lui. Un poison froid ne l'aurait pas glacé plus subitement. Mon faible n'est pas de me déconcerter. D'ailleurs, c'était un homme raisonnable; aussi le pris-je par la raison. « Connaissez-vous, lui dis-je, quelque femme qui soit mariée depuis dix ans? — Oui, me répondit-il. — Je la suppose aimable, repris-je; croyez-vous que si elle devenait veuve, vous eussiez du dégoût pour elle par la raison qu'elle aurait été dix ans la femme d'un autre? — Non, me dit-il; celle que je connais est une femme sage, et son mari est un honnête homme. — Eh bien! répliquai-je, il y a dix ans que je suis dans la galanterie; le nombre des nuits n'a pas été plus grand pour moi que pour cette femme si sage, et je n'ai jamais eu deux amants à la fois. Figurez-vous que les quarante n'en font qu'un, qui a toujours été le même. » Mon financier fut si frappé de ce raisonnement qu'il entra aussitôt dans mes chaînes.

On tomba d'accord avec mademoiselle XI, que pour les sens il y a peu de différence entre une femme qui a passé dix ans avec le même homme et celle qui en a vu successivement quarante dans le même espace. « Mais vous comptez pour rien, lui dit quelqu'un, le désordre du cœur dans cette multitude d'engagements ? — Bon, répondit-elle, c'est ce qui nous rend plus aimables et plus piquantes. De quoi se forme le mérite d'une femme, si ce n'est de l'agrément de l'esprit et des manières; et qu'est-ce qui le donne, si ce n'est l'expérience, qui ne s'acquiert, après tout, que par l'exercice et la variété ? Votre chaste veuve n'a qu'une façon de plaire, qui était le goût de monsieur son mari. Nous en avons mille. Essayez-en trois mois, et payez bien, vous verrez qu'une fille de l'Opéra est un trésor. »

Quoique personne ne s'offrît pour cet essai, nous reconnûmes tous de bonne foi que l'éloge était juste, et qu'il n'y avait rien de si séduisant qu'elle et toutes ses compagnes. Moi-même, qui n'en jugeais pas sur les mêmes principes que l'assemblée, je cessai de m'étonner qu'elles fissent des impressions si fortes sur une infinité d'hommes qui ne cherchent que de la dissipation et de l'amusement. Pour les petits soupers du moins et les parties libres de plaisir, je les mis fort au-dessus de tout ce que j'avais vu dans le même lieu.

Mademoiselle XII fut un peu moins prompte à commencer son récit. Pour parler d'elle-même, elle aurait voulu s'être préparée plus longtemps; et je vis fort bien qu'elle pensait moins à nous amuser, qu'à nous donner une haute idée du pouvoir de ses charmes. Cependant elle nous fit cette histoire :

« Vous ne sauriez croire, nous dit-elle, combien mon dernier engagement m'a causé d'embarras. J'étais sollicitée par deux hommes, entre lesquels j'ai été très longtemps à me déterminer ; le D. de... et Z... à qui j'ai enfin donné la préférence. Ce n'est pas que je ne sache mettre de la distinction entre un homme de qualité et un homme d'affaires. Il est bien doux, messieurs, d'entendre demander qui l'on est, aux spectacles ou à la promenade, et d'entendre dire autour de soi : « C'est la maîtresse de monsieur le D. de... ; il en est fou, il se ruine pour elle. » Cela procure une certaine considération. Les gens vous regardent et s'entretiennent de vous. Est-on chez soi ? On est respectée de son hôtesse et des domestiques. Mais comme je quitte peu ma maison et que j'ai l'humeur douce, je ne me soucie point de ce qu'on pense dehors, et je n'ai pas besoin du nom d'autrui pour être obéie des gens que je paye. D'ailleurs je considérais que les grands seigneurs sont incommodes par le bruit. Ils veulent qu'on leur connaisse un attachement. Ils amènent leurs amis à souper. Ils s'enivrent. Ils perdent le respect, et vous êtes traitée dans ces occasions comme une fille. Enfin j'étais déjà portée à préférer Z... qui est un homme fort riche, ennemi du faste, capable de me faire du bien et de s'attacher pour longtemps. Deux raisons ont achevé de me tourner vers lui. Un jour, le D..., qui se désespérait de mon incertitude, me proposa cinquante louis pour obtenir mes faveurs. Ce compliment me fit voir qu'avec beaucoup d'amour il avait peu d'estime pour moi. « Eh ! fi, lui dis-je. Vous me donneriez cinquante louis ce soir et vous me quitteriez. Ne serais-je pas demain la plus malheureuse fille du monde ? » Il voulut réparer cette grossièreté. Il m'offrit de m'assurer une forte pension pour quatre ans avec promesse de la faire durer toute ma vie si nous étions contents l'un de l'autre. Peut être parlait-il de bonne foi. Mais il m'avait choquée. Je soutiens mon état avec honneur. Je suis fille à sentiments. Il arriva, deux jours après, un incident fort comique, qui acheva de me dégoûter de lui pour jamais. La D..., sa femme, ayant appris qu'il était continuellement chez moi, s'imagina fort bien ce qu'il y pouvait chercher. On prétend qu'elle l'aime. D'autres veulent que leur bien étant dérangé, elle s'efforce d'arrêter ses dépenses. N'importe quel motif. Je me laissai conduire à l'étoile avec une de mes compagnes par deux amis du D..., qui venaient souvent me voir avec lui. Nous n'y fûmes pas longtemps sans apercevoir deux dames qui avaient leur carrosse dans l'allée d'en haut et qui s'approchèrent de nous à pied. Elles me considérèrent avec attention. Nos guides les ayant saluées avec un sourire, je commençai à prendre quelque défiance. Mes soupçons se confirmèrent, lorsqu'ayant jeté les yeux vers l'allée d'en haut, je reconnus un carrosse du D... et la livrée du D... Mais on ne prétendait pas me laisser dans le doute. En prêtant l'oreille, j'entendis madame la D... qui disait tout bas à l'autre dame : « Il faut convenir que cette créature est fort bien. Je ne l'aurais pas crue si belle. Voilà de quoi faire tourner la tête à mon mari. — Mais, ajouta-t-elle assez haut pour être entendue, j'aurai soin de la faire avertir que si elle le reçoit plus longtemps, elle sera dans quatre jours à l'hôpital. » Cette menace, dont je ne perdis pas un mot, me rendit furieuse. Je ne pus m'empêcher de répondre : « Allez, madame, ce n'est pas ma faute si je suis plus belle que vous, et, pour une grande dame, c'est fort mal de s'en prendre à moi. Gardez-le bien, votre monsieur le D..., on ne pense pas à vous l'enlever, et je ne veux pas qu'on m'accuse de faire mourir les D... de jalousie. » Elle passa d'un air dédaigneux, sans marquer d'attention pour ma réponse. Dans la satisfaction que j'avais de n'être pas demeurée muette, je ne laissai pas de sentir un mortel dépit, qui alla jusqu'à me faire pleurer. Je m'obstinai à vouloir retourner sur-le-champ à la ville. En arrivant, je déclarai aux deux amis du D... que je pénétrais à merveille la pièce qu'ils m'avaient jouée ; mais que ce serait la dernière et pour le D... et pour eux. Les ordres furent donnés à ma porte, sans que rien ait été capable de me les faire rétracter. Dès le même jour, j'acceptai les offres de Z..., avec qui j'ai vécu depuis fort tranquillement. Il n'a d'autre défaut que de m'aimer trop. Cependant je ne le hais pas, et je ne trouve pas même sa jalousie importune. J'ai la complaisance de ne voir que lui. C'est la première fois, depuis longtemps, que j'ai pris droit de son absence pour souper avec ces messieurs, dont la plupart sont mes anciens amis ; et quoique je le trouve fort ridicule d'avoir prétendu me lier par des serments, je puis m'en repentir et même les oublier, sans être tentée de les rompre. »

Le récit de mademoiselle XII m'avait attaché. Je ne le pris point du côté qu'elle s'imaginait, c'est-à-dire, comme une peinture assez burlesque de l'effet de sa beauté, et de l'amour du D..., mais j'avais été frappé de son langage, de ses principes, et de tout ce qui n'avait servi qu'à faire rire les autres. Je me rappelai ce que le marquis m'avait promis, sur le peu de goût que je lui avais marqué pour nos deux premiers soupers, une troisième partie qui n'aura rien de semblable aux deux premières. Je la trouvais en effet dans les agréments singuliers des deux demoiselles de l'Opéra ; mais plus encore dans le caractère de mademoiselle XII, qui était tout à fait nouveau pour moi. C'était le point que j'avais cru impossible entre l'honnêteté et la débauche. J'admirais une femme, qui, sans connaître la vertu, en retenait une certaine image, et m'y paraissait même attachée jusqu'au scrupule. Comme je n'ignorais pas que Paris est rempli de cet ordre de demoiselles, dont j'apprenais pour la première fois les usages et les maximes, et que j'étais informé qu'elles font les délices d'une infinité de gens qui emploient le superflu de leurs richesses à les entretenir, je regardai ce goût comme une espèce de luxe inconnu de nos ancêtres ; mais je compris aussi qu'à la réserve de la religion, qui n'admet aucun tempérament, il y avait peu de devoirs civils avec lesquels il ne pût s'accorder. Je sentais du moins qu'il tient un rang distingué entre les plaisirs ; et qu'en supposant, dans toutes les femmes de cet ordre, la même retenue dont j'avais l'exemple devant mes yeux, avec le même air de liberté et les mêmes charmes, il n'y avait rien dans leur commerce, non-seulement qui choquât la bienséance des mœurs, mais qui ne le rendît infiniment agréable.

Pendant que je me livrais à cette pensée, on avait engagé mademoiselle XIII à faire son récit.

« Je suis une plaisante fille, nous dit-elle d'un ton charmant; je n'ai jamais pu joindre quatre phrases ensemble. Mon talent est pour les exclamations. Cependant, quand on m'écoute jusqu'à la fin, on parvient quelquefois à comprendre ce que j'ai voulu dire. Je me souviens qu'il y a trente ans... — La folle! interrompit le chevalier; elle n'en a pas dix-huit. — Ne voilà-t-il pas, reprit-elle; on oublie qu'il faut m'écouter jusqu'au bout. Mais vous serez cause que je vais m'observer davantage. C'est de ma mère que je parle. Il y a trente ans, et je m'en souviens, parce qu'elle ne cesse pas de me le répéter. S'étant mariée dans une province éloignée, elle écrivit à son frère qui était valet de chambre d'un jeune seigneur à Paris, qu'elle avait eu un rêve fort extraordinaire. Oh! des rêves, j'en ai aussi quelquefois de fort bizarres; mais je parle de celui de ma mère. Elle avait donc rêvé, quoiqu'elle n'eût point encore d'enfants, qu'elle se trouvait mère d'une fille extrêmement jolie, qui faisait la fortune de toute sa famille. Son frère, que je puis hardiment nommer mon oncle, car il est revêtu aujourd'hui d'une bonne charge, lui répondit qu'il ne fallait pas négliger les avis du ciel ; que, s'il lui venait une fille, il fallait l'élever avec beaucoup de soin, et l'envoyer toute jeune à Paris ; qu'il achèverait de la faire instruire, et que, suivant ses talents, il la pousserait dans le monde pour accomplir la prédiction. Il se passa douze années entières sans qu'elle eût d'enfants. On avait perdu confiance à l'oracle. Enfin, je vins au monde dans la treizième. La rare pièce! et de combien d'efforts la nature n'a-t-elle pas eu besoin pour ce chef-d'œuvre ? Toutes les espérances renaissent. On me trouve jolie, c'est à-dire, chiffonne, telle que vous me voyez encore. On m'élève fort bien pour les gens de notre état. Lorsque je fus à l'âge de douze ans, il prit envie à ma mère de vérifier son ancien songe. Elle écrit à mon oncle qui servait encore le même maître. Sa lettre portait que me trouvant en âge d'être propre à

quelque chose, avec bien de petits agréments
dont il serait surpris lui-même, elle me mettait
dans le coche qui devait arriver le sixième jour ;
que c'était sur lui désormais qu'elle se reposait
de mon éducation et de ma fortune ; qu'il devait me mettre quelque part en apprentissage, et
ne pas manquer surtout de m'aller recevoir à
l'arrivée du coche. Cette lettre vint à Paris par la
poste, et portée à mon oncle, qui se trouve ab-
sent par hasard, et, jusqu'à son retour, prend
place sur une table dans une des antichambres
de l'hôtel. Le maître avait eu le temps de vieillir
depuis environ vingt-quatre ans ; mais le goût
du plaisir ne vieillit point. Il aperçoit la lettre.
Il s'attribue le droit de l'ouvrir. Il la trouve si
intéressante, que l'ayant serrée fort soigneuse-
ment, il attend son valet de chambre avec un
plan tout dressé pour l'éloigner. Il lui ordonne
de prendre sur-le-champ le meilleur cheval
de son écurie, et de se rendre à Versailles
sans perdre un moment. C'était pour une
affaire si pressante, qu'elle ne pouvait souffrir
le moindre délai. Il lui donne une lettre de sa

main pour un seigneur de la cour, qui devait lui expliquer d'autres ordres. Mon oncle part, charmé de la confiance de son maître. La lettre dont il était chargé contenait une prière à celui dont elle portait l'adresse, de faire enfermer le messager pour quatre jours, sous une clef des plus sûres. En effet, mon oncle est conduit, sous divers prétextes, dans une chambre à l'écart, où l'on attend qu'il soit entré, pour lui déclarer que par des raisons mystérieuses, qui ne doivent pas l'alarmer, il aura le temps de dormir pendant quatre jours. Il n'en restait que deux jusqu'à l'arrivée du coche. Le maître les emploie à faire meubler proprement une petite chambre, dans une rue écartée. Il y met une servante, à qui il promet une jolie maîtresse. Ensuite, prenant un habit convenable à son dessein, il vient tranquillement me recevoir au coche. Il demanda sa nièce. Je me jette à son cou. « Eh! bonjour, mon cher oncle. » Je l'embrasse pour mon père, pour ma mère et pour moi. Il me fait entrer dans un fiacre, où il me rend mes embrassements à son aise. Nous arrivons au logement qui m'attendait. Il me promet de m'y rendre heureuse comme une petite reine. Rien n'y manquait pour charmer les yeux d'une jeune fille. Je fus toute glorieuse de voir une servante sous mes ordres. Enfin il m'assure que Paris est un lieu dangereux, où il ne peut me laisser seule pendant la nuit, exposée aux esprits et aux voleurs. Ainsi, je trouve, sans y penser, un amant fort tendre dans mon oncle. Vous me demanderez si j'y fus absolument trompée, ou si j'étais capable d'être entraînée par le plaisir. Non ; je suis de trop bonne foi pour le dire. Mais le charme de l'abondance, la vue de mille jolis colifichets et l'espérance d'une vie heureuse m'aveuglèrent. Cependant mon oncle revint deux jours après. Je ne sais de quelles précautions son maître eut besoin pour lui apprendre son artifice. Il le fit consentir à se taire, et le prix de cette complaisance fut une bonne direction qu'il obtint pour lui dans les fermes. Je fus adorée de mon amant. Ma mère, à qui je marquai ma fortune et celle de mon oncle, m'écrivit qu'elle venait de perdre mon père, et se hâta de recueillir tout ce qu'elle possédait pour venir s'établir avec moi. Nous avons vécu dans cet état près de quatre ans et demi, c'est-à-dire jusqu'à la mort de mon amant. Il m'a laissé une pension viagère de douze cents livres, qui aurait suffi pour me conduire à quelque chose, si mon oncle avait daigné prendre quelque intérêt à mon établissement. Mais ayant acquis de quoi se procurer une charge honorable, il a refusé de me voir depuis la mort de son maître. Le chagrin de me trouver comme abandonnée, l'habitude d'une vie commode, et les conseils de ma mère, qui s'est accoutumée aussi à l'opulence, m'ont fait écouter les offres de l'homme de robe, qui prend soin maintenant de mes affaires. Il est riche. Il est homme commode. Ses accès de goutte me laissent souvent une liberté dont je n'abuse jamais.—Miséricorde! s'écria mademoiselle XIII, en s'interrompant. Je crains d'avoir ici distillé l'ennui et le sommeil. Et je sens moi-même, à la fin de mon histoire, une langueur qui me fait bâiller. »

Nous l'assurâmes au contraire qu'elle nous

avait fort amusés. J'avais été plus attaché qu'un autre par quelques idées dont elle m'avait fourni l'occasion. La manière dont elle était entrée dans la route du plaisir m'avait servi d'explication pour ce grand nombre de jeunes filles qui sont réduites au même sort, et dont la multitude doit causer de l'étonnement. On demande quelle est la source d'une dépravation si commune dans un sexe dont le partage naturel semble être la pudeur et la modestie? Il est certain qu'elle vient moins de leur incontinence que de celle des hommes. Aussi en sont-elles ordinairement la victime. Les plus heureuses, et sans doute les moins coupables, sont celles qui, se tenant au premier degré de leur chute, regardent avec horreur des précipices beaucoup plus profonds, qui ne sont pas bien loin au-dessous d'elles. Dans cette situation, où la débauche grossière les révolte encore, où quelques restes de sentiment échappés au naufrage de leur vertu produisent le goût de la bienséance, sans affectation et sans austérité, si elles joignent de l'esprit et de la politesse aux agréments naturels qui ont causé leur perte, elles forment ce troisième ordre, cette classe singulière où l'on trouve presque autant de décence que de liberté dans les plaisirs.

L'aurore commençait à nous annoncer le jour. Sa lumière nous fut moins incommode que sa fraîcheur. Les demoiselles, en se disposant à partir, eurent le courage de nous donner encore quelques airs de chant, pour entrer en lice avec les rossignols, qui se faisaient entendre sous tous les arbres du bois. On ajouta cent jolies choses sur la naissance du soleil. Comme il y entrait plus de vivacité que d'ordre et de raison : « Quel persiflage ! » s'écria mademoiselle XI. Ce mot était nouveau pour moi, ou plutôt je l'avais entendu plusieurs fois sans en avoir pu deviner le sens. Je le demandai au vieux marquis : « Ma foi, me dit-il, je l'emploie comme un autre, sans l'entendre mieux que vous. Mais je crois qu'à le bien prendre, c'est ce que nous faisons à présent et ce que nous avons fait toute la nuit. Demandons-le à mademoiselle XI, qui vient de s'en servir. » Elle nous protesta qu'elle l'ignorait, et qu'elle ne l'avait appliqué à nos extravagances que pour l'avoir entendu mille fois dans les mêmes occasions. Toute la compagnie fit le même aveu d'ignorance [1]. Mais nos demoiselles ne se croyaient pas si obligées de savoir ce qu'elles disaient, que de le dire avec beaucoup de grâce et d'enjouement. Elles nous firent terminer la fête par une danse générale, pour nous marquer qu'elles ne se rendaient point au sommeil; et, se dérobant comme des éclairs, elles se jetèrent dans les voitures qui devaient les reconduire.

Comme je n'avais point entendu parler de présent, et que je supposais qu'elles n'étaient parties qu'après avoir été payées, je demandai au marquis si je n'avais pas dû leur donner quelques louis d'or. « Justice! s'écria-t-il. Eh! de quel barbare climat sortez-vous? Vous auriez joué à vous faire dévisager. Apprenez qu'à

---

[1]. De cent personnes à qui j'ai fait depuis la même demande, je n'en ai pas trouvé deux dont les définitions se soient accordées. La mienne, pour joindre ce trait de grammaire à mon histoire, ne sera ni longue ni recherchée. Le persiflage, autant que j'ai pu le comprendre dans la suite, est l'art de railler agréablement un sot par des raisonnements et des figures qu'il n'entend pas, ou qu'il prend dans un autre sens.

l'Opéra on ne connaît point l'intérêt sordide. On est volontiers d'une partie de souper. Si l'on se croit capable d'y donner du plaisir, on vient aussi pour en prendre. Enfin l'on se croit en compagnie. —Je ne dis point, ajouta-t-il, que si vous avez trouvé les demoiselles assez aimables pour vous faire souhaiter de les revoir, vous ne puissiez offrir quelque jour une tabatière de prix, une belle robe, un diamant qu'elles vous feront la grâce d'accepter. Mais vous aurez soin que le présent soit du meilleur goût, et qu'il soit offert avec quelque assaisonnement de fine galanterie. Je ne vous conseille pas d'y manquer, si vous voulez paraître quelquefois avec un peu de considération dans les coulisses. »

Voici, mon prince, ce que j'ai vu à la petite maison du chevalier. Mais je n'irai pas dans les coulisses de l'Opéra, et pour cause.

. . . .

On peut juger par ces jolies contes que du temps de l'abbé Prévost les demoiselles d'Opéra valaient bien celles d'aujourd'hui.

V

HISTOIRE DE FANCHON

Et maintenant allons encore souper avec l'abbé Prévost pour savoir l'histoire de mademoiselle Fanchon.

Écoutons-le conter cette aventure dans le salon du prince de Conti.

. . . .

J'ai connu Fanchon dans un souper. Je cherchais l'oubli de mon cœur, j'ai trouvé avec elle la pierre philosophale.

J'avais passé de l'église à la caserne et on me présentait dans le monde sous le nom du comte d'Exiles.

Le marquis*** me reprocha un jour de m'être livré uniquement à la mauvaise société, tandis que je pouvais trouver à Paris de quoi varier mes amusements. « Vous ne savez pas, dit-il, qu'on s'en fait ici dans tous les goûts. Vous trouverez des maisons ouvertes où l'on a droit d'entrer le soir, après y avoir été une fois présenté. On y joue, on y soupe très bien. La compagnie est quelquefois fort bonne. Ce sont des gens riches qui ne se croient nulle part mieux que chez eux, et qui regardent comme le plus doux fruit de leur fortune de se faire une petite cour sur laquelle ils dominent. Telle est l'intendante.

Ces sociétés ont leur mérite, et ce sont aujourd'hui presque les seules de Paris qui représentent; mais elles ne conviennent qu'aux gens libres et désœuvrés, ceux qui n'ont aucun goût décidé, et pour qui toute compagnie est bonne, où l'on trouve des hommes et des femmes, où l'on joue un jeu modéré, où l'on raconte les histoires de la ville et où l'on soupe. Charmantes sociétés, celles qui sont composées de gens qui s'accordent dans leurs goûts et qui les ont fort vifs; qui trouvent des charmes à vivre ensemble, parce qu'ils sont passionnés pour les mêmes choses ; qui ne se piquent pas de faste ni même de beaucoup d'ordre dans leurs parties, mais qui savent y réunir tout ce qu'ils désirent. Je ne doute point, ajouta-t-il, que dans tous les états de la vie, il ne se forme ainsi des sociétés qui se rendent heureuses par la ressemblance et la communication des goûts et des plaisirs. Les buveurs s'assortissent avec les buveurs ; les savants avec les savants ; les dévots avec ceux qui le sont aussi. Pour moi, je suis pour les petits soupers, et je passe la plupart de mes nuits avec d'aimables gens qui sont dans le même goût. Soyez des nôtres. Essayez dès aujourd'hui. »

Quoique je ne visse pas trop bien où le marquis prenait à son âge cette vivacité de désirs et de goûts qu'il s'attribuait, il m'avait fait une peinture si juste de la société de l'intendante que je pris confiance à l'idée qu'il me donnait de la sienne. Sur-le-champ j'aurais accepté son offre, si je n'eusse été lié par un autre engagement. Je n'avais vu qu'une fois la jeune femme du conseiller ; et surpris qu'elle n'eût paru dans aucun des soupers où je m'étais trouvé depuis, j'en avais fait des plaintes à la belle intendante. Mon empressement m'avait attiré des railleries. On m'avait demandé si je pensais à supplanter le secrétaire. Je ne m'étais pas défendu d'être fort sensible à tant de charmes ; mais badinant moi-même sur l'indigne attachement d'une si jolie femme, j'avais répondu de très-bonne foi que je n'avais aucune prétention sur un cœur profané. Cependant j'avais trouvé tant de douceur à la voir, que l'intendante m'ayant proposé ce jour-là de me faire souper avec elle, je ne m'étais pas fait presser pour y consentir. Je me flatte de l'avoir, m'avait dit l'intendante. Elle refuse tous les soupers ; mais j'ai eu jusqu'à présent le bonheur d'être exceptée, et je suis fort glorieuse qu'elle me préfère quelquefois à son Médor. Je comptais donc sur cet arrangement, et le soir approchait. Je savais que pour plaire à l'intendante, il fallait aller faire sa partie de jeu. Je priai le marquis de remettre celle du petit souper à quelque autre jour. Il m'assura que je perdais beaucoup. Il me dit qu'il regrettait pour moi le plaisir dont j'allais me priver. C'était une rencontre unique. Enfin, pour concilier tous les engagements, il me proposa de le rejoindre à toute heure où je serais libre ; sûr de trouver les acteurs à la petite maison jusqu'à cinq heures du matin. Je lui donnai ma parole. Il me laissa l'adresse, en m'assurant que je trouverais tous ses amis prévenus.

L'intendante, chez qui je me rendis aussitôt, avait déjà beaucoup de monde, et ses parties de jeu étaient liées. Elle me fit signe de m'approcher de son oreille. Je suis bien disgraciée, me dit-elle. Nous n'aurons point la dame attendue et promise. Elle s'est fait une loi absolue de ne plus souper dehors. Je ne sais ce qui m'attire ce refus ; ou plutôt je le sais à merveille, ajouta-t-elle, avec un sourire malin, mais il faut s'en réjouir. L'assemblée étant fort nombreuse, je crus que dans une maison où l'on soupait tous les jours, j'étais dispensé de me contraindre. Celle du marquis m'avait laissé une vive curiosité. Mon carrosse était resté dans la cour. Je descendis sans être aperçu, et je pris le chemin du Roule, suivant l'adresse que j'avais conservée.

Je n'avais connu le marquis que de nom, avant de le voir à Paris. Il était ami de mon père. Il avait servi avec honneur. Il avait mangé au service la meilleure partie de son bien. Je ne le connaissais point encore à d'autres titres, ou si, dans le commerce récent que j'avais avec lui, il m'avait fait pénétrer une partie de son caractère, c'était du côté de l'esprit et de la science militaire, dont j'avais cru découvrir qu'il était fort bien partagé. Il m'avait parlé de plaisir. Je l'aimais, et je m'étais livré à toutes les espérances qu'il m'avait fait concevoir. Il ne me paraissait pas surprenant qu'il eût le même goût. Je n'en avais admiré que la vivacité dans un homme de son âge. J'arrivai à la petite maison, en cherchant d'avance à quels plaisirs je devais m'attendre, et je m'imaginais bien que dans une société où l'on ne s'occupait que d'un soin si doux, il y en aurait beaucoup de réunis. Du jeu, de la musique, des femmes aimables, des hommes spirituels et polis, une chère délicate et d'excellents vins. Voilà sur quoi roulaient toutes mes idées.

La porte s'ouvrit, et je vis le marquis accourir au-devant de moi. Il parut charmé de me voir. « Vous êtes annoncé, me dit-il, attendu, souhaité. » Il me nomma les hommes, tous gens d'une naissance et d'un mérite connus.

J'entrai dans un appartement qui, sans être fort spacieux, répondait par l'élégance et la propreté au nom de tant d'honnêtes gens, et à l'opinion que j'avais dû prendre des dames, sur la crainte qu'on avait eue de ne les pas voir arriver. Ce n'était point la richesse qui éclatait dans les meubles, mais il n'y paraissait rien à désirer pour le goût et la commodité. Tout était éclairé avec une profusion de lumières. Nous pénétrâmes dans un grand cabinet, où tout le monde s'étant levé pour me recevoir, mes yeux tombèrent d'abord sur le maître de la maison, qui vint à ma rencontre avec des expressions légères et polies. Mais en tournant la tête du côté de l'assemblée, j'aperçus trois dames d'une figure charmante, à qui je me hâtai de faire une profonde révérence. Elles étaient vêtues avec la dernière mode, et je ne remarquai point qu'elles fussent embarrassées de voir un étranger. Les cérémonies de la connaissance étant courtes entre les hommes, on s'assit. J'allais raconter comment je m'étais procuré le plaisir de venir, contre mon opinion. Je fus interrompu. « Eh bien, Fanchon, dit le vieux marquis, tu ne viens point embrasser M. le comte d'Exiles ? » Fanchon se leva, et vint m'embrasser fort doucement. « Et toi Lisette, et toi Catin, il faut vous prier. » Lisette et Catin vinrent m'embrasser aussi avec non moins de douceur.

J'avoue que, dans la première surprise, je reçus cette étrange civilité avec quelques marques d'embarras. Je cherchai, en me remettant, quelle explication je devais donner à mon aventure. Ce qui me vint de plus naturel à l'esprit, ce fut que le chevalier qui était le maître de la maison, et deux de ses amis, nous faisaient souper avec leurs maîtresses ; je trouvai même la raison de cette idée dans la manière dont le marquis m'avait annoncé une fête extraordinaire, et je m'imaginais que la familiarité avec laquelle il les avait traitées, était le ton d'un vieux militaire, que son caractère autorise quelquefois à s'oublier près des femmes. Je demeurai quelque temps dans mon opinion. Mais le compliment du marquis aux trois dames devint comme l'ouverture de cette scène. On s'imagina sans doute que j'étais un peu novice dans les usages de la société, ce signal suffirait pour m'instruire. Chacun commença par se mettre à son aise, c'est-à-dire qu'au lieu de demeurer assis comme on l'était, l'un se jeta tout de son long sur un lit de repos, l'autre s'étendit sur un canapé, un autre prit Fanchon et lui fit faire quelques pas de danse, d'autres ôtèrent le mantelet aux dames, pour les mettre en état de briller avec tous leurs attraits. Je cessai bientôt d'être étonné pourquoi on avait craint si fort qu'elles n'arrivassent point. J'appris qu'elles étaient nouvellement dans le monde, que c'était leur seconde partie, et que le bruit de leurs charmes s'étant répandu depuis le souper qu'elles avaient fait deux jours auparavant dans la petite maison de M. le d. il avait fallu leur promettre à chacune cinq louis pour les avoir ce jour-là.

Le marquis me dit à l'oreille, en me pressant de quitter mon épée : « Elles sont fraîches. Vous pouvez choisir et prouver votre goût. » Je compris son langage. Mais déjà résolu de me tenir à mes bornes, je cherchai comment je pourrais me faire au ton de cette joyeuse assemblée sans m'engager trop loin. Le chevalier me voyant peu d'ardeur à ces folies, m'en fit un reproche. Je ne pus sortir d'embarras qu'en lui faisant entendre que je me ressentais des fatigues du voyage. « Liberté, me dit-il, liberté, comme au siècle d'or. » Comme des excès de retenue m'auraient donné un ridicule, je ne laissai pas de badiner, de rire, de danser. Tout ce prélude se passa sans indécence. Je compris fort bien qu'une manière de se réjouir, si vive et si libre, pouvait avoir des charmes pour des voluptueux de tout âge qui n'aiment point à se contraindre ; et que surtout pour un vieillard, tel que le marquis, il y avait de la douceur à se procurer, pour son argent, des plaisirs qu'il ne pouvait plus espérer par les voies d'une galanterie plus honnête. Mais je ne me faisais point à cette indifférence grossière, qui laissait du goût et de l'empressement même aux acteurs, pour ce qu'ils voyaient sortir des mains d'autrui. Cette communauté de faveurs me révoltait. Le marquis, au comble de la joie, et plus ardent que ceux de mon âge, me dit en m'embrassant d'un air pénétré : « Convenez que voilà le vrai bien de la vie. Pour moi, je n'en connais point d'autre, et je n'ai jamais regretté l'argent dans ces occasions. » Je lui répondis qu'on était fort heureux de pouvoir trouver son bonheur en l'achetant par quelques écus. Mais je crus voir, dans cet aveu, la cause du désordre de sa fortune ; et je compris qu'une infinité d'officiers qui sortent du service, n'ont pas toujours raison d'attribuer le mauvais état de leurs affaires aux seules disgrâces du métier.

Malgré l'éloignement naturel que je me sentais pour trois créatures qui faisaient un si indigne usage de leurs charmes, je ne pus me défendre d'une certaine compassion pour leur âge, et pour la pauvreté qui les forçait peut-être de s'abandonner avec cet oubli de toutes sortes de lois. La plus âgée n'avait pas dix-sept ans. Fanchon surtout m'inspirait une pitié si vive que j'en étais ramené aux plus sérieuses réflexions sur l'injustice de la nature et de la fortune. Outre la beauté des traits et la fraîcheur de la jeunesse, sa physionomie avait quelque chose de si noble et de si modeste que, dans toute autre occasion, je l'aurais prise pour une fille de qualité, qui avait reçu la meilleure éducation. N'est-il pas affreux, dis-je en moi-même, qu'avec une figure touchante et tant d'agréments naturels, cette malheureuse fille, qui aurait pu faire le bonheur d'un honnête homme, et trouver le sien dans un autre état, soit destinée à passer une si belle jeunesse dans la plus infâme dissolution ? Je la regardais fixement, en m'occupant de cette pensée. Elle s'imagina qu'étant presque seul qui n'avais rien eu à démêler avec elle ou avec ses compagnes, je commençais à ressentir ses impressions. Elle me confessa même bientôt que le marquis et le chevalier l'avaient chargée particulièrement de réveiller mes désirs. Elle vint à moi les bras ouverts. Ses vues, que je comprenais fort bien, me firent naître un dessein que j'exécutai. Je la reçus avec de vives caresses, et je consentis de passer avec elle dans une chambre voisine. Toute l'assemblée battit des mains, pour applaudir à sa victoire. Je leur laissai la liberté de s'arrêter à leurs imaginations.

Étant seul avec Fanchon, je fermai avec soin la porte sur nous. « Venez, mon cœur, » lui dis-je, en la conduisant sur un fauteuil. Je la fis asseoir, et je m'assis près d'elle. « Vous êtes charmante, repris-je d'un ton fort tendre ; je ne connais point de fille qui approche de vous. Mais, avant que d'aller plus loin, je veux savoir depuis quand vous faites des parties, et si vous y avez trouvé jusqu'à présent beaucoup de bonheur. » Elle me protesta qu'elle n'avait commencé que depuis deux jours, et qu'elle avait trouvé beaucoup de plaisir à voir, me dit-elle, des seigneurs tels que nous. « Oh ! vous ne me persuaderez pas, lui répondis-je, que vous soyez au lendemain de votre coup d'essai ; et pour vous mettre tout d'un coup à l'aise, je vous déclare que votre sincérité ne changera rien à ma façon de penser, parce que je n'ai aucun dessein de prendre vos faveurs, et que je ne vous ferai pas moins présent de quelques louis. Mais je vous demande la vérité, et surtout si vous vous plaisez dans votre infâme état. » Ce terme, qui m'échappa peut-être trop tôt, parut la disposer à me parler sincèrement. Elle m'assura encore que la fête du jour était la seconde de sa vie. Mais reprenant les choses de fort loin, elle me fit l'histoire d'un vieux major de cavalerie qui l'avait débauchée dans une ville de province, et qui l'avait amenée à Paris. Il y était mort depuis peu, sans lui avoir assuré une pension qu'il lui avait promise ; et dans la crainte de ses parents qui la faisaient chercher, elle avait accepté les offres d'une dame qui lui avait promis de la faire vivre heureuse et tranquille, en ne sortant que la nuit pour les parties des seigneurs. A l'égard de la satisfaction qu'elle y trouvait, elle me dit que j'en pouvais juger ; et qu'une fille comme elle, qui avait été élevée dans des vues bien différentes, était fort à plaindre de la nécessité où elle était réduite. Quelques larmes qu'elle laissa couler en finissant, me persuadèrent qu'elle gémissait effectivement de sa situation. Je marquai peu de curiosité pour sa naissance, dont je ne me serais pas rapporté à son témoignage ; mais je lui donnai ma parole de la servir, si elle voulait abandonner la débauche. « Ah ! me dit-elle, en levant les yeux avec tendresse, c'est la seule grâce que je demande au ciel. Je serais trop heureuse si je trouvais un honnête homme qui voulût prendre soin de moi. — Je m'explique, lui répondis-je. Prendre soin de vous, c'est-à-dire vous aider à vivre honnêtement, et fournir aux non-valeurs de votre travail, voilà ce que je vous offre avec joie ; car mon humeur ne me porte point à me lier autrement avec vous. » Quoique cette réponse ne s'accordât point avec sa première idée, elle en parut fort satisfaite. Sa reconnaissance alla même jusqu'à baiser mes mains et à les mouiller de pleurs. Je lui demandai son adresse, et lui promis qu'elle aurait incessamment de mes nouvelles. « Ce qui vous revient ici, lui dis-je, peut vous mettre à couvert de toutes sortes d'infamies pour un jour ou deux ; mais voici quatre louis qui sont encore plus sûrs, et dont vous n'aurez l'obligation qu'à vos bons sentiments. » Je les lui fis accepter. « Rentrons, ajoutai-je, ne faisons rien éclater de nos desseins, et feignons surtout d'être fort contents l'un de l'autre. »

L'heure de la table ayant succédé, on servit un souper dont chaque plat me parut exquis. Ce fut la seule partie de la fête où je ne trouvai rien que d'agréable et de piquant ; la conversation même fut d'abord si fine et si légère entre les hommes, que je fus charmé de lui voir prendre un tour auquel je ne m'étais pas attendu. Elle se soutint quelque temps avec ce sel et cette élégance. Chacun y contribuait avec le même esprit et le même feu. Ce n'étaient point des choses profondes, qui auraient été sans doute hors de saison. Mais dans le badinage même, je remarquais une justesse et une vérité, qui me faisaient sentir que chaque genre a de véritables perfections qui lui sont propres; et l'air de joie, qui accompagnait ces richesses d'esprit et d'imagination, achevait d'en faire un des plus délicieux amusements du monde. Je compris que les petits soupers, comme le marquis les appelait, composés de gens aussi spirituels et aussi aimables, qui seraient capables de se contenir dans certaines bornes, auraient mérité tous les éloges qu'il m'en avait faits. Mais les filles, qui s'étaient occupées jusqu'alors à boire et à manger fort avidement, voulurent aussi se faire entendre. On prit bientôt un autre ton. Le vin commençait à répandre une chaleur qui ne m'a jamais paru aimable, quand, au lieu d'animer seulement l'esprit, elle prend sa place, et la croit bien remplir sans le secours de la raison et de l'honnêteté. On passa aux expressions orgiaques et aux histoires scandaleuses. On mit sur la scène toutes les femmes de Paris; d'abord les filles de théâtre et les femmes galantes; ensuite toutes les jolies femmes de toutes sortes de rangs et de caractères. Les qualités de l'esprit et du corps, les aventures secrètes et publiques, le nom des amants, la sottise des maris, le nombre et la durée des intrigues, tout fut dévoilé avec des embellissements et des peintures. Au milieu de ce torrent, dans lequel mon arrivée récente à Paris me dispensait d'entrer, je fis faire attention au chevalier que nous étions environnés de nos laquais, qui écoutaient avec la dernière attention. « Il est vrai, me dit-il ; ces choses-là s'oublient. Qu'on apporte le dessert, et qu'il ne reste ici personne. » L'ordre fut exécuté en peu de moments ; la table chargée de bouteilles : champagne, vins grecs, toutes sortes de liqueurs. On renvoya la livrée. « Mais que nous importe, dit le chevalier, nos gens sont des statues. »

J'avais espéré que dans l'intervalle du service, le repos qui avait succédé pendant quelques minutes à tant d'agitation, servirait à faire changer de matière à l'entretien. Je ne m'étais pas trompé. Après avoir fait l'éloge de quelques vins excellents, on s'engagea dans des propos plus sérieux, mais qui par un autre caprice se tournèrent peu à peu en raisonnements sur la religion. Je me garderai bien de rappeler ici mille sophismes d'incrédulité. Entre tant d'honnêtes gens qui étaient à table, je dirai avec regret que la religion trouva peu de défenseurs, et que les plus modérés furent ceux qui la réduisirent au déisme. J'entrepris d'abord, avec plus de zèle que de prudence, de combattre quelques misérables principes, que je croyais pouvoir détruire, sans me piquer de profondeur dans mes lumières. Mais je m'aperçus bientôt qu'il n'était pas question de s'éclairer mutuellement, et que la plupart des convives ayant pris leur parti, ils se plaisaient à faire des objections, sans prendre le même plaisir à les résoudre. Le marquis, étonné de m'entendre, me demanda si j'y pensais, de vouloir faire l'apôtre, et d'où je venais avec cette dévotion qu'il ne me connaissait pas. « De la dévotion, lui dis-je ! non assurément, et je me reproche d'être fort éloigné de mon devoir : mais je me fais honneur de n'être pas sans religion, et de le déclarer même à ceux qui semblent y renoncer. » C'était plus qu'il n'en fallait peut-être, dans une occasion de cette nature; mais je me croirais déshonoré à mes propres yeux, si j'étais jamais capable de trahir là-dessus le témoignage de mon cœur. De là vient que je suis porté à croire qu'il y a beaucoup plus de véritables athées qu'on ne pense : car, s'imaginer que tous ceux qui affectent de l'être, ne le sont qu'en apparence, c'est se mettre, selon moi, dans la nécessité de les trouver trop méprisables.

Quoique le ton de ma réponse n'eût été choquant pour personne, le marquis en prit occasion de rompre un entretien qui l'amusait moins que les nouveaux plaisirs qu'il se proposait. Il fit remarquer à sa montre que la nuit commençait à s'avancer. Dans ses principes, les plaisirs perdaient beaucoup à la lumière. Il pria les trois filles, qui étaient appesanties de vin et de sommeil, de danser une gargouillade. Fanchon, à qui le vin n'avait pas fait oublier les engagements qu'elle avait pris avec moi, me jetait quelques regards qui semblaient attendre mon consentement. Mais le marquis brusqua l'aventure, en la précipitant en avant avec ses compagnes. Les

sauts commencèrent d'un air fort brillant ; c'est-
à-dire, qu'au risque de se rompre mille fois le cou,
ces belles créatures firent toutes les culbutes et
les gentillesses du bel usage. J'en fus témoin,
plus d'un quart d'heure, en m'étonnant qu'elles
y pussent résister si longtemps. Le hasard me fit
remarquer, au coin d'une fenêtre, un rayon de
lumière qui m'avertit qu'il était grand jour. Je
passai sous le rideau et j'ouvris le volet. Cette
fenêtre donnait de plain-pied sur un fort beau
jardin que je n'avais pas aperçu. L'air était si
doux, la matinée si fraîche, et le jardin si
agréable, que je me crus transporté dans un
autre monde. Je jetai les yeux sur ma montre.
Il était près de cinq heures, et nous étions au
mois de mai, qui m'a toujours paru délicieux à
Paris. Je me soulageai d'abord par une respira-
tion plus libre, car j'avais la poitrine oppressée
de la chaleur de l'appartement et de la vapeur
des bougies. Ensuite je considérai avec plus
d'attention tous les agréments du jardin. Dans
une assez petite étendue, il réunissait mille
beautés. Le parterre était d'un dessin charmant,

et les plates-bandes émaillées de fleurs, avec une variété infinie. Un treillage, couleur de chair, qui régnait le long des murs, entrelacé de divers feuillages, bornait la vue à droite et à gauche, et ne changeait de forme que pour s'enfoncer dans quatre endroits, qui étaient la place d'autant de belles statues. Je ne démêlai pas tous les sujets qui étaient de la fable ou de l'histoire; mais le ciseau du sculpteur et le goût du maître me parurent admirables pour les nudités. Le parterre était séparé du bois par une pièce verte, bordée de part et d'autre en demi-cercle, d'un massif d'arbrisseaux fleuris, qui ne surpassait pas la hauteur de deux pieds, autour duquel l'allée du milieu se divisait pour se joindre à celles des deux côtés. L'ouverture entre les deux massifs découvrait jusqu'au pied un groupe de statues en différentes attitudes, qui occupaient une niche de gazon pratiquée dans la face du bois; les unes assises, d'autres debout ou demi-levées, suivant les différentes affections que le sculpteur avait eu dessein d'exprimer. C'étaient des nymphes, des demi-dieux et des amours.

Enfin, les deux allées donnaient entrée dans un petit bois touffu, qui avait beaucoup plus de largeur que le jardin, et qui se partageait en quantité de petites routes, dont chacune aboutissait à quelque terme agréable. La perspective était bornée dans les deux grandes, par deux grottes ornées de rocaille et de peinture, auxquelles il ne manquait que deux cascades pour en faire la plus voluptueuse retraite de l'univers.

Je revenais au parterre, après avoir parcouru le petit bois, lorsque je vis sortir le marquis par la porte vitrée. Il vint au-devant de moi en bâillant et se frottant les yeux. J'eus peine à le reconnaître dans le désordre où il était ; sa perruque de travers, son linge sale, sa veste déboutonnée. A peine pouvait-il se soutenir sur ses jambes ; mais je fus encore plus frappé à son approche, de lui trouver le visage pâle, les lèvres enflées et les yeux éteints. Les autres ne tardèrent point à sortir successivement, et presque tous dans le même état. Quel spectacle pour ceux qui les auraient vus de sang-froid ! Pour moi qui ne laissais pas d'être échauffé par une si longue veille et par le vin, il me restait assez de raison pour comparer les objets que j'avais autour de moi. Je voyais la nature animée dans ses productions. Le soleil venait de lui rendre toute sa force. L'herbe était fraîche. Les fleurs s'ouvraient pour se parer des plus riantes couleurs. Les oiseaux faisaient entendre un concert délicieux; et je n'apercevais dans mes compagnons que des marques de langueur et d'abattement. Ils étaient défigurés, chancelants, le regard sombre, les traits allongés, le corps et l'esprit épuisés. Ils allaient se mettre au lit dans une chambre obscure, pour retrouver entre leurs draps la chaleur, la santé et la raison; tandis que les plus simples ouvrages de la nature jouissaient de toute leur vigueur au grand jour, et semblaient s'en applaudir. Il ne s'en fallut rien qu'à la fin de cette réflexion, je ne m'écriasse. « Que je suis ridicule, messieurs, si je vous ressemble ! »

Les plus forts cherchaient encore, dans leur état même, le sujet de quelque plaisanterie, lorsque je vis sortir, à leur tour, les trois dames qui étaient amenées par les plus galants, c'est-à-dire, par les plus ivres. Je n'entreprendrai point cette peinture. Mais si l'on se figure trois bacchantes à la fin de leurs danses furieuses, c'est le tableau le plus honnête que je sois capable de présenter. Échevelées, déchirées, égratignées ou meurtries, les yeux troublés, la figure barbouillée de raisin sur le blanc et le rouge; je me croyais aux vraies bacchanales... Je me serais réfugié sur-le-champ dans mon carrosse, si je n'avais été arrêté par un discours fort grave, dont ma curiosité fut piquée. Le marquis s'apercevant que les habits des dames avaient beaucoup souffert, représenta sérieusement à la compagnie qu'il n'était pas juste qu'elles en fussent chacune pour une robe et pour une coiffure. Que leur serait-il resté de leurs cinq louis? « Allons, messieurs, il ne faut pas que le mérite sorte nu d'entre vos mains. Nous sommes huit, nous dit-il, ajoutons deux louis chacun à la somme convenue. » Ensuite, se tournant vers les dames, il les pria très-civilement de ne pas s'offenser de quelques déchirures, qui n'étaient que le glorieux effet de leurs charmes, et de prendre sur elles-mêmes le soin de s'acheter d'autres robes. Je donnai mes deux louis, en riant malgré moi de ce comique dénoûment. Fanchon s'approcha d'un air embarrassé pour me présenter la main : « Ah ! mademoiselle, lui dis-je en me retirant, le Pactole n'en laverait pas les traces. » Il ne me parut pas qu'elle eût compris ma réponse. Je rentrai dans l'appartement pour gagner mon carrosse. Le chevalier me cria d'assez loin : « A revoir ici au premier souper. — Oui, lui dis-je, si je ne suis pas enterré demain. — Allez, allez, reprit le vieux marquis d'une voix fort enrouée, nous nous y reverrons. »

Je n'emportais rien de si décidé, que la résolution de ne jamais tomber dans le même piége. Mais trop pressé du sommeil pour m'abandonner à mes réflexions, je m'étendis dans mon carrosse, et j'arrivai chez moi à demi endormi Mon valet de chambre me mit au lit comme un enfant. Le temps de mon repos me parut fort court, quand je m'éveillai à six heures du soir.

Eh bien, je m'éveillai amoureux, mais sans

le savoir et sans le vouloir. Je vis se dessiner sur la perse des rideaux la figure si fraîche et si piquante de Fanchon, tantôt gaie, tantôt pensive. Ah! si elle fût venue alors, j'en aurais rabattu de ma philosophie un peu misanthrope. Mais quand je fus bien réveillé, je ne pensai plus qu'à faire une bonne action. Sauver une femme, quoi de plus beau, sinon de la perdre!

. . . .

J'étais sérieusement résolu d'aider Fanchon à sortir de son misérable état. Il s'agissait de l'employer à quelque chose d'honnête. Je ne doutais point qu'avec une apparence d'éducation, elle n'eût quelque petit talent que je me proposais de cultiver. J'allai chez elle dans une chaise à porteurs. Elle y était sans rouge et sans parure. Je ne la trouvai que mieux dans cette simplicité. Ses remercîments furent vifs, et me parurent sincères. Loin de lui rappeler des souvenirs humiliants, je louai ces prémices de sagesse, et je lui demandai quelle sorte d'occupation elle voulait embrasser. Elle me dit que sans exceller dans aucun genre, elle avait de la disposition pour tous les ouvrages de main. Ce choix qu'elle m'abandonnait me parut une nouvelle preuve de sa bonne foi. Cependant, l'ayant pressée de se déterminer, elle me parla d'une femme de son pays qui était marchande de modes, mais si vertueuse qu'après les égarements où elle était tombée, elle craignait de reparaître devant elle. Son nom et sa demeure, qu'elle m'apprit, me firent naître le dessein de la voir aussitôt. En la supposant honnête femme, c'était une sûreté telle que je la désirais. Quoique je ne fusse pas sans défiance, il me semblait que le hasard seul ayant amené cette proposition, je n'y pouvais soupçonner d'artifice; et si la marchande existait, l'opinion qu'on me donnait d'elle, et que j'allais vérifier, confirmait toutes mes espérances. Je le dis à Fanchon, qui ne me marqua point d'autre embarras que celui de sa confusion; mais je la rassurai contre une crainte frivole.

Je descendis chez la marchande, et je trouvai une femme d'un air très-composé. A peine eus-je nommé Fanchon, en expliquant le dessein qui m'amenait, qu'elle tomba dans des regrets fort amers sur le sort de cette malheureuse fille. Je l'interrompis par mes offres. Après lui avoir protesté que je n'avais aucune vue qui pût blesser la délicatesse d'une honnête femme, je lui dis que mon dessein était, au contraire, de tirer Fanchon du libertinage ; que je cherchais même quelqu'un qui voulût s'intéresser à sa conduite, l'occuper, veiller sur elle, et m'en répondre ; qu'elle paraissait disposée à suivre ce plan, et que j'en ferais volontiers la dépense. On parut comprendre mes vues. On me fit valoir la difficulté qu'il y avait à conduire une fille de cet âge. Cependant, pour seconder ma charité, on consentait à se charger d'elle. Mais ce fut à deux conditions : l'une que son père et sa mère fussent informés du service que je voulais lui rendre, afin que cette idée rendît sa conversion plus constante ; l'autre, qu'elle fût dans ses meubles, pour lui faire éviter les occasions du désordre qui sont toujours plus fréquentes et plus dangereuses à Paris dans les chambres au mois. Je chargeai la marchande de choisir une demeure qui convînt à Fanchon, et je promis de payer les meubles. Elle me fit une longue histoire de la naissance de cette fille, et des liaisons qu'elle avait eues avec sa famille. J'écoutai peu tout ce qui n'avait pas de rapport à mes bonnes intentions. Après un traité dont j'étais si satisfait, je quittai la marchande, sans désirer d'autre éclaircissement sur son caractère que celui dont je croyais devoir me fier à moi-même. C'est la seule faute que j'aie à me reprocher dans une aventure qui paraîtra faire peu d'honneur à ma prudence; mais avec ma bonne foi naturelle, il fallait connaître mieux Paris que je ne faisais encore, pour être en garde contre des apparences si fortes de vertu et d'honnêteté; et je n'écris que pour l'instruction de ceux qui peuvent avoir autant de bonté et de droiture avec aussi peu de de lumières.

Cet aveu fait connaître que j'étais la dupe de deux friponnes et que leur artifice était concerté. Je n'en partagerai pas le récit, quoique le dénoûment soit arrivé quelques semaines plus tard. Madame Birat, c'était le nom de la marchande, ayant consenti à faire les avances des meubles sur la promesse que je lui fis de payer sur-le-champ son mémoire, je remontai chez Fanchon, qui parut charmée de cette nouvelle. Un baiser tout fraternel nous sépara.

D'autres soins m'occupèrent pendant deux jours, mais j'appris de mes gens qu'on était venu s'informer de ma naissance et de mon bien. Cette curiosité ne pouvait m'offenser. Le troisième jour au matin, madame Birat vint me rendre compte de l'heureux progrès de son entreprise et m'apporter le mémoire des meubles. Il montait à trois mille francs. Je ne trouvai pas la somme excessive. Je dis à la marchande que je m'applaudissais de pouvoir ramener de ses égarements, à ce prix, une fille qui me paraissait faite pour l'honnêteté. Elle me demanda ce que je voulais donner à Fanchon pour l'aider à vivre. « Son travail, me dit-elle, lui rapportera chaque jour vingt sols, qui peuvent suffire à sa nourriture ; mais, accoutumée comme elle est à la vie aisée, si vous voulez qu'elle trouve quelque douceur dans son changement, il ne faut pas la réduire au nécessaire. — C'est mon dessein, répondis-je, et je veux qu'elle ne manque de rien aussi longtemps qu'elle sera raisonnable. Je veux même contribuer à son établissement. » Madame Birat et Fanchon étaient d'accord à me tromper, mais Fanchon n'était pas trompée moins que moi par madame Birat.

J'allai visiter le nouvel appartement. Les meubles me parurent au-dessous du prix. Cependant j'avais apporté la somme, et je la payai. Je réglai aussi une pension modique, que je promis de payer chaque semaine. Les deux coquines devaient rire beaucoup de ma bonté; car à la réserve du jour où Fanchon m'avait attendu, il ne s'en passait point un seul qui fût exempt de libertinage. Madame Birat était cette même femme qui l'avait engagée dans le désordre après la mort de son amant, et qui se faisait un revenu de sa jeunesse et de sa beauté. Fanchon lui avait confié le discours que je lui avais tenu dans la petite maison du chevalier, et c'était par ses conseils qu'elle avait entrepris de me tromper.

La pensée ne me revint pas de retourner au logement que j'avais meublé. Madame Birat, qui continua de venir chez moi pour recevoir la pension hebdomadaire, n'y venait point sans louer autant ma générosité et ma retenue que la sagesse de Fanchon. Elle paraissait si éloignée de m'engager dans de nouvelles dépenses, qu'elle me rassurait sur la crainte qu'il ne manquât quelque chose à sa pénitente. C'est le nom qu'elle affectait de lui donner.

Trois semaines après l'établissement, elle vint un jour extraordinaire pour me rendre sa visite ; et de l'air naïf qu'elle contrefaisait si bien, elle me dit que le ciel avait béni ma généreuse charité ; qu'il se présentait une occasion de me délivrer du fardeau que je m'étais imposé, et de fixer tout à la fois Fanchon dans le goût de l'honnêteté et de la vertu ; qu'un commis des fermes générales l'ayant vue par hasard, en était devenu si amoureux, qu'il offrait de l'épouser ; que cet homme était à son aise, et qu'il ne se plaindrait pas d'avoir été trompé, puisqu'elle-même, à qui il s'était adressé, ne lui avait pas caché que Fanchon n'avait pas toujours été vertueuse ; mais que cette connaissance ne l'ayant pas refroidi, il fallait profiter de sa faiblesse pour assurer la fortune d'une malheureuse fille qui ne pouvait pas compter éternellement sur mon secours. Comme elle avait eu l'adresse de prévenir la seule objection qui m'aurait arrêté, je ne donnai que des éloges à son projet. Elle me demanda négligemment si je mettrais le comble à mes bienfaits, en contribuant de quelque chose au bonheur de cette pauvre Fanchon. « Sans doute, lui répondis-je ; voyez vous-même ce qui convient dans cette occasion.— Je crois, me dit-elle, que pour lui faire une dot honnête, vous ne sauriez lui donner moins de mille écus. »

Elle en aurait obtenu deux mille, si elle les eût demandés. Je lui donnai ma parole que les mille écus seraient comptés le jour de la noce, et je me proposai d'y joindre quelques bijoux, qui devaient être pour Fanchon un monument perpétuel de mon amitié. Madame Birat ayant fixé le jour de la célébration, je lui abandonnai le soin de tout le reste.

Jamais, peut-être, je n'avais goûté de plaisir plus sensible. Le bonheur et la vertu d'une fille aimable allaient être mon ouvrage. Je rendis grâces au ciel de m'avoir rendu l'instrument d'une si bonne action, et je trouvais un surcroît de douceur à n'avoir, en quelque sorte, que lui pour témoin. Comme je n'avais pas vu Fanchon depuis que j'avais payé les meubles, je ne pus résister, la veille de la noce, au désir de la féliciter de bouche sur l'heureux dénoûment de sa fortune. J'allai chez elle sans la prévenir. C'était le matin. Elle était seule, et je vis bien qu'elle ne pouvait se défendre d'une vive surprise. Mais les remords qui pouvaient la causer n'avaient aucun rapport aux artifices de la Birat. Je l'embrassai tendrement. Son embarras me parut redoubler; mais ne suivant que mes idées : « Le ciel m'est témoin, lui dis-je, que votre bonheur me touche autant que vous. Je suis au comble de mes vœux. Ah! que la beauté mérite d'adorations, lorsqu'elle est accompagnée de l'honneur et de la vertu! Je trouve l'homme, à qui vous allez donner votre cœur, bien estimable de le désirer à de tels titres. C'est donc demain, ajoutai-je, c'est demain que vous vous mariez? »

Fanchon, comme effrayée de mon transport et confondue d'un discours auquel elle ne comprenait rien, me répondit en rougissant que je me réjouissais sans doute à l'embarrasser, mais que je devais l'excuser si elle n'entrait point dans le sens d'une plaisanterie qu'elle n'entendait pas. « Je parle, repris-je, de votre mariage qui doit se faire demain. La Birat ne l'aurait pas reculé sans m'en avertir. » Cette explication ne me paraissant pas jeter plus de clarté dans ses réponses, je lui dis nettement : « Ne vous mariez-vous pas demain avec un commis des fermes générales? » Elle me répondit avec une surprise extrême : « Moi? hélas non, et personne jusqu'à présent ne m'a parlé de mariage. » Plus surpris qu'elle, je lui fis répéter plusieurs fois la même chose. Enfin, ne pouvant douter qu'il n'y eût dans cette aventure quelque trahison dont j'étais l'objet, je ne pus me persuader aussi que Fanchon n'y fût pas mêlée. Je me levai d'un air furieux, pour me promener à grands pas dans sa chambre. J'appelai deux laquais que j'avais avec moi, sans savoir encore quel ordre j'avais à leur donner. Mais lorsqu'ils parurent pour le recevoir, j'avais formé une autre résolution.

Je repris ma chaise près de Fanchon, que la frayeur avait retenue jusqu'alors sur la sienne. Loin de lui marquer de l'emportement, je pensai à tirer la vérité d'elle par une explication paisible, c'est-à-dire, la vérité sur tout ce qui la concernait, car un moment de réflexion m'avait fait concevoir qu'elle n'aurait pu désavouer le mariage si elle eût été de moitié dans cette fourberie. Je commençai par lui apprendre toutes les circonstances qu'elle paraissait ignorer, et je n'oubliai pas l'article des mille écus. Elle écouta ce récit avec une indignation qui ne le cédait point à la mienne. A peine me laissa-t-elle finir. «La Birat, me dit-elle, est la plus méchante femme du monde ; et puisqu'elle me trompe moi-même, je vous apprendrai que par rapport à vous, ce n'est pas son coup d'essai. Elle vous a fait payer quinze cents francs pour mes meubles : ils ne reviennent qu'à cinq cents ; elle a mis le reste dans sa poche pour se payer, m'a-t-elle dit, du service qu'elle me rendait. Elle m'avait bien prédit que ce ne serait pas le seul piége où elle vous ferait tomber. Je n'ai consenti au premier, continua Fanchon en pleurant, que par la crainte que j'ai de cette méchante femme, et j'ai été plusieurs fois sur le point de vous écrire qu'elle ne me donne que la moitié de votre pension. »

Rien ne pouvait m'étonner, après ce que j'avais découvert. Mais ne trouvant Fanchon coupable de rien dans ses aveux, et jugeant au contraire qu'avec le malheur de s'être trompée comme moi dans l'opinion qu'elle avait eue de la Birat, elle avait été tyrannisée et forcée au silence par sa situation, j'étais porté à la plaindre, lorsque l'envie me vint de revoir ces meubles qu'on m'avait fait payer deux fois au-dessus de leur valeur. « Comment ai-je pu m'aveugler si fort ? » disais-je en me levant, pour entrer dans un cabinet où Fanchon avait son lit. Elle vint à moi d'un air timide, et se défiant de mon dessein, elle me tint quelques discours qui pouvaient m'en ôter la pensée. Mais sans voir encore les raisons qu'elle me donnait d'y soupçonner de l'artifice, j'ouvris la porte, et j'entrai malgré elle. Un homme, qui achevait de s'habiller, se présenta d'un air résolu, et me demanda si j'en voulais à lui. « Non, lui dis-je indifféremment ; je regrette même de vous avoir troublé, car ayant passé la nuit avec mademoiselle, vous ne deviez pas vous lever si matin. »

Fanchon se prit à pleurer. « Je hais cet homme, dit-elle. Il est venu avec cette odieuse femme, mais je ne sais qui lui a dit que ma chambre était un hôtel garni. Il s'est couché sans façon, mais je ne me suis pas couchée malgré toutes ses prières. »

Et moi, dans ma pitoyable habitude de raisonner, je dis à cet homme que je ne comprenais pas bien qu'il s'imposât ainsi chez une jeune fille. Il me répondit fièrement qu'il ne recevait jamais de remontrances. Je le souffletai du bout de mon épée et je le poussai jusqu'à la porte sans qu'il eût le temps de dégainer. Fan-

chon lui ferma la porte au visage et vint se jeter
à mes pieds. «Croyez-moi, monsieur, depuis notre
rencontre j'ai horreur de ma vie et je ne pense
qu'à vous. Si vous étiez venu le lendemain je
serais une brave fille et je ne me barbouillerais
plus de rouge pour cacher ma rougeur. »

J'admirai cette illusion d'une courtisane qui
s'imagine être redevenue une honnête femme,
parce qu'elle n'a qu'un amant à la fois. Je fus
pourtant à peu près convaincu que l'homme que
je venais de souffleter avait couché tout seul, et
en disant adieu à Fanchon je l'embrassai sur le
bras avec quelque plaisir. Elle était jolie à voir
dans son désordre : cheveux épars tombant à
flots sur les épaules, corsage ouvert, pieds nus
dans des mules déchirées.

Le marquis, à qui je fis part de ce qui venait
de m'arriver, en m'humiliant beaucoup de ma
crédulité, me dit, non seulement qu'il connaissait la Birat pour une marchande de plaisirs
autant que de modes, et que c'était d'elle-même
qu'il avait les deux compagnes de Fanchon dans
la partie du chevalier. Il ajouta, comme le fruit

d'une longue expérience, que les filles de cette espèce sont incapables de retour à la vertu. Dans ce faible sexe, le moindre essai de la débauche est un poison funeste, qui corrompt au même instant l'éducation et la nature, comme cet affreux châtiment de la volupté brutale se communique à toute la masse du sang, aussi subitement que le jus d'un limon corromprait un bassin de lait. Ainsi, à toute femme qui est atteinte une fois de la même corruption dans les qualités de l'âme, il ne peut rester d'honnête que la figure : un masque perfide, qui trompe encore un honnête homme sans expérience.

Je soupai chez le marquis. Je me retirais, avant minuit, dans une chaise à porteurs, dont j'étais résolu de me servir désormais. Je n'avais qu'un laquais avec moi. Tout était tranquille dans les rues. J'entendis la voix d'un homme, qui disait à mes porteurs : « Arrêtez, j'ai deux mots à dire ici. » Les porteurs s'arrêtent. Je demandai ce qu'on souhaitait de moi. L'inconnu me pria de lui accorder un moment d'entretien. Je sortis pour le satisfaire.

« L'obscurité, me dit-il, vous empêche sans doute de me reconnaître. Je suis M. S. V... que vous avez outragé ce matin. » En effet je le remis aussitôt. Mettant l'épée à la main, il me conseilla de me défendre. Toute mon attaque porta au bras, dans le double dessein de blesser ou de désarmer M. S. V...; ce qui lui donnait un extrême avantage sur moi, à la faible lueur d'une lanterne à demi éteinte, qui m'obligeait encore plus de mesurer mes coups. Il m'en porta un dans les chairs du côté, mais sans m'affaiblir. Je le lui rendis au milieu du bras, et je ne m'aperçus pas non plus qu'il en fût moins ferme. Presque aussitôt, il me fit une profonde blessure au ventre. Je commençai à craindre que la perte de mon sang ne diminuât mes forces; et rappelant toute mon adresse je lui perçai si malheureusement le bras au-dessus de la jointure, que du même coup je le blessai dangereusement près du sein. Son épée tomba de ses mains. Je mis le pied dessus, pour l'écouter. Mais je le vis tomber aussitôt lui-même.

Mes gens n'étaient qu'à trente pas dans la rue voisine ; car notre entretien nous avait donné le temps de nous écarter. Je les appelai ; c'est-à-dire les porteurs et mon laquais. Je leur dis de porter mon ennemi chez le premier chirurgien. Il s'en trouvait un dans la même rue. S. V... n'était pas mort, comme je pris soin de m'en assurer au battement de son pouls. Il fut transporté sans connaissance et livré aux secours de de l'art. Pour moi, dans la confiance que j'avais en mon valet de chambre, je rentrai dans ma chaise pour gagner ma demeure. J'arrivai avec toute ma présence d'esprit, et je ne la perdis qu'un moment pendant la première opération.

Il ne m'était pas échappé un mot, depuis l'ordre que j'avais donné à mes porteurs de me conduire chez moi. J'étais retombé, après un combat si sanglant, dans cette même froideur où j'étais en tirant mon épée, et toutes mes réflexions ne pouvaient m'en faire sortir. Mais dois-je nommer froideur la noire tristesse où j'étais plongé ? Que de sombres idées étaient venues s'emparer de mon imagination !

Tandis que mille noirs pressentiments me faisaient pénétrer dans l'avenir, mon valet de chambre, pour qui j'avais une forte confiance que je devais à son attachement, vint me demander si j'étais bien certain que le bruit de mon aventure ne pût se répandre, et s'il n'y avait pas de mesures à prendre pour ma sûreté. Cet avis, que je trouvai fort de saison, me fit chercher dans ma mémoire de qui je pouvais espérer plus de lumières. A qui m'adresser au milieu de la nuit? La tendre amitié qui me liait avec monsieur de La... me le fit regarder comme le seul qui me pardonnerait d'avoir troublé son sommeil. J'envoyai chez lui sur-le-champ, avec ordre même de l'amener dans ma chaise à porteurs s'il avait la complaisance de se laisser conduire. Il se fit apporter en robe de chambre et en bonnet de nuit, avec toute l'impatience que je m'étais imaginée. Quoique mes gens l'eussent prévenu sur ma situation, il fut effrayé de ne trouver autour de moi que des traces sanglantes de mes blessures. Je lui tendis les bras en lisant dans ses yeux l'inquiétude et l'émotion de son cœur.

Il s'assit près de mon lit. « Vous me voyez, lui dis-je, dans le plus triste état du monde, et plus sensible néanmoins à mes agitations d'esprit et de cœur, qu'à la perte de mon sang qui met peut-être ma vie dans quelque danger. Le croirez-vous, lui dis-je. Je ne puis le cacher plus longtemps, ni à moi, ni à vous : j'aime Fanchon. » Il me demanda pourquoi, riant un peu du bout des lèvres de cette étrange confession. Je lui dis que je l'aimais parce que je ne voulais pas l'aimer. Il se moqua de ma logique, et m'avoua qu'il avait passé par ces erreurs de l'esprit humain, reconnaissant que nous n'obéissons jamais à notre raison.

Il passa le reste de la nuit dans un fauteuil. Le matin, vers neuf heures, tandis que le sommeil me fermait assez légèrement les yeux, on frappa brusquement à ma porte. J'avais deux antichambres. Monsieur de La... se hâta de passer dans la première, pour avertir qu'on fît moins de bruit. Mes gens, qui avaient veillé toute la nuit, s'étant retirés, à la réserve de celui qui ouvrit la porte, un officier de la justice, accompagné de quelques gardes, entra sans résistance. Il traversa la première antichambre lorsque Monsieur de La... passait dans la seconde; de sorte que le voyant paraître en robe de chambre et en bonnet de nuit, il ne put douter que ce ne fût moi-même. « J'ai ordre, monsieur, lui dit-il, de vous arrêter, et de vous conduire au Fort-l'Évêque. Vous ne m'obligerez pas, sans doute, à la violence. » Monsieur de L... conçut aussitôt que l'ordre ne regardait que moi. Avec autant d'adresse que de zèle, il entreprit d'aider à l'erreur des gardes, et de se faire prendre à ma place. Il réveilla lui-même mon valet de chambre, qui couchait dans un cabinet voisin, et que deux mots firent entrer dans son projet. Mes habits convenaient si fort a sa taille, que pour confirmer le succès de son artifice, il demanda le temps de s'habiller. On lui apporta du linge, un habit, et jusqu'à mes souliers. Tandis qu'il se préparait négligemment, il témoigna quelque surprise à l'officier de se voir arrêter pour une affaire où il ne se croyait coupable de rien. On lui répondit froidement qu'il en aurait plus de facilité à se justifier. Mes gens s'étant levés pendant cette scène, il affecta de leur donner des ordres, et de demander à l'officier s'il ne lui était pas libre d'en prendre un du moins avec lui. Cette permission lui fut accordée. Il trouva le moyen de dire secrètement au valet de chambre, que dans quelque sens que je pusse prendre cette aventure, je ne devais pas perdre un moment pour me mettre à couvert; et descendant à la tête de ses gardes, il ne fit pas difficulté de monter dans un fiacre qu'ils tenaient prêt à la porte. Il avait choisi pour le suivre un laquais fort sage, qui me servait depuis longtemps.

A peine fut-il sorti, que mon valet de chambre se hâta de m'éveiller. Mon sommeil n'était pas si profond que je n'eusse entendu quelque mouvements dans l'antichambre. Je demandai ce qu'était devenu monsieur de La... On ne balança point à me faire un récit qui me causa beaucoup d'étonnement. Quoiqu'il n'y eût aucun

danger pour mon ami dans le service qu'il
m'avait rendu, je regrettai l'embarras où sa généreuse amitié l'engageait ; et sûr comme je l'étais
de mon innocence, je délibérai si je devais le
laisser à ma place dans une prison, lorsque, en
m'y rendant moi-même, il me semblait que le
pis-aller était d'y demeurer un peu plus longtemps que lui. Il n'y avait pas de crainte qui
pût me faire abandonner cette idée, si mon valet
de chambre ne m'eût représenté que mes blessures demandaient un autre régime que celui
d'une prison. En levant le premier appareil, il
trouva celle du bas-ventre assez dangereuse
pour me recommander les plus scrupuleuses
précautions. Je pouvais consentir aux soins
extérieurs qu'il me prescrivait ; mais il s'élevait
dans mon cœur des mouvements sur lesquels je
n'avais pas le même empire.

Le conseil de me cacher, que monsieur de La...
m'avait fait donner avec tant d'instances, semblait entraîner la nécessité de quitter Paris ; car
je n'y connaissais point d'asile impénétrable, et
si je pouvais être enlevé dans toutes sortes de

lieux, il importait peu que ce fût dans ma maison ou dans celle d'autrui. J'ignorais même comment et sur la délation de qui on avait découvert sitôt mon nom et ma demeure ; mais j'en prenais une fort bonne idée de la police, à qui les désordres nocturnes ne demeuraient pas cachés plus longtemps.

Quitter Paris, c'était renoncer à ce qui m'était mille fois plus cher que la vie et la liberté, au plaisir de voir Fanchon, et peut-être à l'espérance d'entendre jamais parler d'elle. Cette réflexion me rendait presque insensible au conseil de monsieur de La... ; mes gens néanmoins me pressaient de me faire transporter chez quelque ami, en attendant que je prisse d'autres résolutions. « Qu'on me mène chez Fanchon, » dis-je.

. . . .
. . . .

Je la trouvai toute en larmes. Elle savait déjà l'aventure. « Vous voyez, lui dis-je, on se fait tuer pour vous. — Oui, répondit-elle, mais moi je meurs de chagrin pour vous. »

Elle se fit garde-malade avec une sollicitude et une tendresse qui me guérirent à moitié. Elle était plus jolie que jamais dans sa pâleur, vêtue d'une simple robe ouverte, dans le plus adorable des négligés du matin.

Quand j'avais les yeux ouverts, elle ne cessait de me parler avec son sourire innocent et perverti tout à la fois. Dès que je fermais les yeux, elle prenait un livre, un roman ou un livre de prières. Quelquefois elle dormait aussi. Les femmes galantes dorment à toute heure, comme si elles voulaient toujours rêver.

Enfin le surlendemain on me permit de déjeuner d'un aile de poulet. Ce fut Fanchon elle-même qui mit la table devant le lit. Elle n'oublia ni les fruits, ni les fleurs. Elle savait mon goût pour les pêches et ma passion pour les roses. Jamais déjeuner ne fut plus charmant. Elle avait ouvert la fenêtre, nous entendions jaser les oiseaux du jardin et le soleil était de la fête.

. . . .

. . . .

Je regardais Fanchon à la dérobée, le cœur

plein d'amour. Quel malheur, me disais-je à moi-même que cette fillette ait traversé toutes les mauvaises passions ! Mais un si grand air d'ingénuité se répandait sur sa figure que je sentis qu'elle avait oublié ses quatre mois de folie. « A quoi penses-tu ? » lui demandai-je. — « A rien, » me répondit-elle innocemment. Et se reprenant : « Je pense que je suis bien heureuse de vous avoir rencontré à ce souper de débauche. » Je souris d'un air railleur : « Ce qui ne t'a pas empêché de continuer à vivre comme une fille perdue. » — Elle rougit, et sans s'offenser : « Oui, dit-elle, parce que je ne savais pas encore que je vous aimais. »

A ce beau mot je laissai tomber ma pêche et j'embrassai Fanchon avec toute mon âme. Elle-même avait une douce et suave odeur de pêche, comme si elle venait de tomber de l'espalier. C'était tout simplement parce qu'elle avait de ses belles dents mordu dans la pêche que j'avais à la main.

Et quand je l'eus bien embrassée je remerciai le ciel de me donner ainsi une matinée de bonheur. « Après tout, me dis-je en prenant encore une pêche, combien d'insectes et de colimaçons ont caressé ce beau fruit sans même entamer son duvet. C'est là l'histoire de Fanchon. »

Disant cela, je mordis à belles dents, d'autant mieux que Fanchon avait approché ses dents. Ce fut un joli jeu de lèvres gourmandes et amoureuses.

. . . .

Ainsi parla l'abbé Prévost. Vous voyez qu'il se consolait de Manon par Fanchon.

Et Fanchon ne valait-elle pas Manon?

Ne respire-t-on pas une bouffée d'air vif, venu des forêts vierges du sentiment, quand cette fille perdue dit naïvement : « Je ne savais pas encore que je vous aimais! »

Pourquoi ne savons-nous pas la suite de cette autre passion moins célèbre, mais peut-être tout aussi profonde!

VI

SUITE DE L'HISTOIRE DE MANON LESCAUT

Une trouvaille littéraire très-précieuse est celle de la suite de l'*Histoire de Manon Lescaut et du chevalier Desgrieux* (livres troisième et quatrième), imprimée à Amsterdam en 1760 par Marc-Michel Rey, l'année même du dernier voyage en Hollande de l'abbé Prévost. Rien d'ailleurs dans cette édition, dont nous possédons un exemplaire à peu près unique, ne prouve que cette troisième et quatrième partie soient de l'abbé Prévost; mais, si on n'a pas de preuves matérielles, ne peut-on pas se décider sur le style ? L'abbé Prévost avait une manière toute personnelle d'enchaîner la vérité à l'imagination.

Cette suite d'un chef-d'œuvre est de l'abbé Prévost. Peut-être trouvera-t-on ces pages détestables : l'abbé Prévost en a signé d'excellentes ; peut-être les trouvera-t-on excellentes : l'abbé Prévost en a signé de détestables. On jugera. Tout ce qui se rattache à un chef-d'œuvre est digne de la curiosité littéraire.

Nous donnons l'analyse et des fragments de cette curiosité littéraire.

LIVRE TROISIÈME

I

A son retour d'Amérique, le frère de Des Grieux le conduisit vers la tombe de son père ; mais sur cette tombe ce fut encore Manon, sa chère Manon, qu'il pleura.

En vain, dit-il, mon frère et Tiberge, qui connaissaient bien les faiblesses de mon pauvre cœur, tentaient de m'arracher à mes souvenirs par de graves entretiens sur l'immortalité de l'âme. « Ce monde où nous sommes n'est que le commencement d'un monde plus beau, disait Tiberge ; notre cœur, là-haut, ne s'attachera plus aux biens périssables ; nous aimerons dans le ciel, mais non plus ces sirènes qui nous entraînent vers tous les dangers de la mer. — Si nous aimons dans le ciel, répondis-je tristement à Tiberge, croyez-vous donc que j'oublie Manon ? La mort elle-même ne glacera point mon cœur, et je chercherai cette pauvre fille même parmi les anges. »

Je vivais encore avec Manon ; son cher fantôme me suivait partout, dans les salles désertes du château, dans les détours du parc. Mon frère et Tiberge me croyaient avec eux, j'étais avec Manon. C'était elle qui me parlait, et quand ma bouche distraite lui répondait, mon âme était toute à cette ombre adorée. J'attendais le soir avec anxiété, car, dès que la nuit répandait l'ombre autour de moi, mon imagination affaiblie croyait voir apparaître l'image tant attendue. Je tendais les bras, je sanglotais et je tombais agenouillé. La nuit, quand je cachais mes yeux tout rouges sur l'oreiller, j'espérais que le sommeil rouvrirait le passé à mon esprit. Les songes sont des comédiens qui nous jouent sans cesse nos passions dans nous-mêmes ; mais ces fidèles rapporteurs des idées de la veille ne me rappelaient que mon supplice : j'assistais une fois de plus à l'agonie de Manon, je la couvrais pieusement d'un peu de sable et je m'éveillais pour pleurer encore. Pleurer ! je n'avais plus de larmes depuis longtemps ; mais ne pleure-t-on pas sans larmes ?

Je ne saurais dire combien de fois les songes me représentèrent Manon ensevelie sous le sable du désert. Au fond de ma douleur, j'avais pourtant quelque lueur d'espérance comme au fond de l'abîme on entrevoit le ciel. Ainsi il m'arriva de rêver que la morte soulevait le sable et que je revenais à temps pour voir se rouvrir ces beaux yeux qui ont été sa perte comme la mienne.

Mon frère ne me parlait pas du ciel, comme faisait Tiberge, pour me détacher de ce qu'il appelait ma folie. « Allons, chevalier, me disait-il, c'est assez mourir avec les morts, vivons avec les vivants. Vous êtes jeune, il y a encore des femmes sous le soleil ; ceux-là qui n'ont qu'une passion ne sont pas des hommes. » J'étais indigné d'un tel langage. « Oublier Manon dans les bras d'une autre ! Je ne l'oublierai, disais-je, que dans les bras de la mort. Je veux mourir. »

La mer m'attirait. Un matin, je pris la poste sans avertir d'abord mon frère, non plus que Tiberge. Où allais-je ? J'allais tout droit au Havre-de-Grâce. Je ne voulais plus m'embarquer ; mais il me semblait que mes larmes seraient plus douces à reprendre sur cette jetée d'où j'étais parti avec Manon, malheureux, mais vivant ; car je ne vivais plus qu'à moitié ; mon pauvre cœur avait à peine un battement çà et là. Ah ! quelle heure terrible et pourtant douce en la revoyant cette mer calme comme la mort où j'étais, furieuse comme la passion qui m'emportait encore ! La vague venait jusqu'à mes pieds. J'aurais voulu qu'elle m'engloutît et me portât jusqu'à ce désert où dormait Manon. Pourquoi n'étais-je pas mort avec elle ? Je m'en voulais beaucoup d'avoir manqué de courage. Mon sommeil eût été si doux là-bas, dans le silence éternel du désert ! Je lui aurais pris la main, j'aurais appuyé mon front sur son sein et je ne me serais éveillé que dans un monde meilleur. J'étais lâchement revenu dans mon pays. Y a-t-il un pays quand on n'aime plus?

Tout bouleversé par ma douleur, je quittai le rivage pour aller retenir ma place dans le premier vaisseau en partance pour le Nouvel-Orléans. Mais Tiberge? mais mon frère? Arrivé devant le capitaine, je compris que je ne devais point partir, je lui demandai quelques vagues renseignements et je retournai sur la jetée pour pleurer encore.

Quand je reparus au château, un soir, pendant le souper, Tiberge et mon frère pâlirent comme s'ils avaient vu entrer une ombre, tant j'étais accablé.

Quelques mois se passèrent sans apporter la paix à mon cœur. J'étais si profondément malheureux que je résolus d'en finir avec la vie. La vie, en effet, ne me gardait plus rien que je pusse envier. Je n'étais pas né ambitieux, je n'ai aimé l'argent que les jours où il en fallait à Manon. Depuis sa mort la fortune m'était une odieuse inutilité. Comment aurais-je le courage de traverser la vie sans horizon qui m'attire? Mieux vaut mourir une fois que de mourir mille fois. Voilà ce que je me disais un soir, tout pensif au bord de l'étang du parc.

Je m'étais penché peu à peu comme si je dusse voir l'image de Manon dans le miroir flottant. C'est la mort, c'est Manon ! m'écriai-je en me jetant avec une sombre volupté.

Quand je revins à moi, Tiberge, pâle et défait, se promenait devant mon lit. « Que s'est-il passé ? lui demandai-je sans m'inquiéter de la présence du médecin et des valets. —Hélas ! me répondit Tiberge, votre frère a voulu vous sauver, mais il est mort. — Mort ! dis-je avec effroi. — Oui, reprit Tiberge. Ce brave garçon qui vous soulève la tête s'est jeté à l'eau trop tard ; vous vous étiez si cruellement débattu contre votre sauveur que vous aviez épuisé ses forces. Il était d'ailleurs malade depuis la mort de votre père. Il vous l'a caché parce qu'il vous plaignait plus que lui-même. — O mon Dieu ! mon Dieu ! m'écriai-je avec désespoir, c'était moi qu'il fallait frapper dans votre justice. »

Tiberge me prit la main. « Maintenant, me dit-il, vous vivrez pour aimer celui que vous avez tant de fois outragé. Dieu n'a pas voulu de votre mort ; vous vivrez pour expier vos fautes. »

Je n'écoutais pas Tiberge, je m'étais levé et je m'étais précipité vers la chambre de mon frère, repoussant le médecin qui me conjurait d'attendre que mes forces fussent revenues pour un pareil spectacle.

« Oui, oui ! m'écriai-je avec angoisse, je suis indigne de la miséricorde de Dieu ! je vivrai pour souffrir ; je me condamne à traîner cette vie de douleurs comme le galérien traîne son boulet. »

Mon frère mort, je devenais le comte de P... Ce ne fut pas sans chagrin que je me séparai de ce nom si doux et si triste du chevalier Des Grieux. Quelle radieuse jeunesse avait couronné ce nom d'amoureux et, le dirai-je ? d'aventurier ! Mon premier devoir, après les funérailles de mon frère, fut de distribuer en son nom, aux pauvres du pays, un don de cinq mille écus. Consoler les autres, c'est déjà se consoler soi-même. Je passai quelques jours dans un morne accablement. Tiberge, tout à Dieu et à moi-même, cherchait à me prouver que j'avais en lui un ami et un frère à la fois.

Il était si dévoué dans son amitié qu'il allait jusqu'à me bercer de mes propres chimères. Un soir, je le suppliai de me parler de Manon. Faites-moi croire, s'il est possible, qu'un Dieu protecteur pourra faire un miracle pour me la rendre un jour. Tiberge flatta ma faiblesse ; toute sa religion, toute sa théologie, vinrent à son secours pour me prouver que l'apparition de Manon ne lui semblait pas impossible : on ne guérit les faibles qu'avec leurs idées. Il me fit recommencer le récit de toutes les particularités de l'enterrement de Manon, pour essayer de trouver des possibilités à sa résurrection. « Elle pouvait n'être qu'évanouie, me disait-il, quand vous la mîtes dans le sable. La déclaration que vous en fîtes tout de suite aura pu donner à Synnelet le temps de l'exhumer avant qu'elle fût morte. — Ah ! l'interrompis-je, il l'aura donc profanée, morte ou vive, cet indigne rival ! C'est encore un tourment de plus pour un cœur aussi délicat que le mien ; j'aimerais presque autant m'arrêter à l'idée de sa mort, dans la résolution où je suis de ne pas tarder à la suivre. »

. . . .

Ne continuons pas ici le roman : contentons-nous de dire au lecteur que Des Grieux finit par entraîner Tiberge vers l'ombre de Manon. Que dis-je? à la recherche de Manon elle-même. Qui prouve qu'elle était bien morte? N'avait-on pas emporté son amant malgré lui, presque mort lui-même? Peut-être n'était-ce qu'un long évanouissement de cette pauvre créature harassée et affamée, que toutes les peines avaient frappée en même temps. N'en a-t-on pas vu revenir de bien plus loin?

Des Grieux voulait espérer même dans son désespoir.

Il n'entraîna pourtant pas Tiberge jusqu'en Amérique. Mais tous deux, enchevêtrés dans une série d'aventures, arrivent à Marseille. Un embarras de carrosses les arrête devant une église; ils y entrent, autant par curiosité que pour prier Dieu.

Après nous être relevés, dit Des Grieux, nous demandâmes dans quelle église nous étions ? quelle fête on y allait célébrer ? pourquoi nous y apercevions tant de monde pour un jour ordinaire ? Un suisse vint à nous, nous reconnaissant pour des étrangers ; et, au lieu de nous répondre, il nous offrit de nous conduire au premier rang pour voir la cérémonie. Nous le suivîmes avec une vague curiosité. Quand nous fûmes arrivés à la grille du chœur, nous reconnûmes que nous étions dans un couvent de filles. Le suisse nous dit alors que nous allions assister au spectacle d'une religieuse qui devait prononcer ses vœux.

C'était comme un jour de fête dans toute l'église. Les religieuses elles-mêmes semblaient réveillées à la vie par cette solennité. Les plus courbées par la prière, les plus près du ciel par l'extase levaient la tête tout enivrées par le bruit et par le mouvement, par l'éclat des cierges et par le chant de l'orgue, car on sait que le plus souvent ces pauvres filles, qui ne vivent qu'en compagnie de la mort, n'ont pas même les pompes du catholicisme pour soutenir leur ferveur. Elles prient Dieu dans l'ombre et le silence du tombeau.

Cependant la religieuse qui allait mourir pour revivre en Dieu s'avançait lentement à l'autel, conduite par ses sœurs. « Voyez, dit Tiberge, ce sont les joies du ciel qui passent devant vous. » A cet instant, la religieuse soulève son voile pour prononcer publiquement les expressions de son sacrifice. « Mon Dieu ! s'écria Des Grieux en se précipitant contre la grille avec la douleur d'un lion qui se voit enfermé, c'est Manon. Arrêtez !... N'écoutez pas son serment... Manon, Manon ! ne m'entends-tu pas ? »

La jeune religieuse, pâle comme la mort, quoiqu'elle fût toute au ciel déjà par la pensée, sembla se rappeler un songe et tourna ses beaux yeux vers Des Grieux.

Or cette jeune religieuse, pâle comme la mort, c'était Manon elle-même.

Comment était-elle ressuscitée ? comment était-elle venue prendre le voile à Marseille ? C'est toute une histoire à travers les périls les plus romanesques. On s'impatiente, on tourne le feuillet : mais on lit toujours.

Elle n'était donc pas morte : mais au lieu de retrouver Des Grieux, que trouva-t-elle? Synnelet. Vous voyez d'ici toute l'épouvante ! Elle ne renaît que pour mourir ; ou plutôt pour faire l'épitaphe de son cœur. C'est la désolation des désolations. On n'a pas idée de cet horrible duel entre elle et Synnelet ; le duel de la haine et de l'amour ! Il l'emprisonne dans ses baisers. C'est l'enfer. Mais l'ancienne courtisane s'est confiée à Dieu. Elle a fait pénitence à force de larmes. Dieu vient à son secours : elle échappe à Synnelet. La colombe échappe au vautour pour s'envoler au delà des mers.

Reverra-t-elle Des Grieux ? Elle n'ose se hasarder dans cette pieuse famille dont elle a fait le malheur. Mais elle écrit à son amant. On lui répond que Des Grieux est mort. Il ne lui reste plus qu'un refuge : c'est le couvent. Car elle ne veut pas recommencer sa vie de courtisane.

Voilà pourquoi le chevalier la vit qui prononçait ses vœux dans une église de Marseille.

Il faudrait courir encore deux cents pages à travers toutes les péripéties, pour vous peindre ces deux amants qui s'adorent et qui ne peuvent se voir, parce que cette fois c'est Dieu lui-même qui s'est mis entre leur cœur.

Enfin ils se retrouvent libres pour ne plus se quitter et voici le dénoûment.

Je donne la paraphrase rapide du livre cinquième tout en laissant parler Des Grieux.

. . . .

Nous revînmes en Picardie avec Tiberge sans que rien de fâcheux signalât notre traversée et notre voyage. Parmi les terres de la succession de mon père, la plus simple et la plus retirée fut choisie par Manon : c'était un petit château perdu au fond des bois, qui avait plutôt l'air d'un monastère que d'un séjour d'amoureux. J'y étais à peine allé trois ou quatre fois dans ma vie, quand mon père me conduisait tout enfant chez ses fermiers. Nous le meublâmes au plus vite tant bien que mal. La chambre de Manon avait vue sur un torrent que précipitait la montagne voisine. Dès qu'elle y fut installée, elle passait quelques heures tous les jours à sa fenêtre, se complaisant à ce bruit si triste, comme s'il fallait à son cœur un pareil spectacle. Je m'apercevais peu à peu que sa mélancolie, au lieu de se dissiper, augmentait de jour en jour. Elle avait pris cela en Amérique; elle s'en était nourrie au couvent; elle trouvait un charme singulier à s'y abandonner encore, quoiqu'elle m'eût retrouvé et qu'elle eût foi en notre bonheur futur.

Nous nous mariâmes, peu après notre arrivée, en ce petit château. Cet hymen ne fut solennel que pour nous-mêmes, car il eut lieu sans éclat au dehors. Que nous importait le monde ! c'était seulement pour Dieu et pour nous.

J'espérais bien qu'une fois unis, Manon retrouverait sa tranquillité d'âme. En effet, durant les premiers mois, je remarquai plus de calme en elle. Un sourire tendre et amoureux était revenu sur ses lèvres. En nous promenant dans le parc, elle s'appuyait sur mon bras avec plus de laisser-aller, comme si enfin elle s'abandonnait sans crainte à sa destinée jusque-là si orageuse ; mais cette sérénité de son âme dura peu. Je m'aperçus, trop tôt hélas ! que sa bouche était distraite au milieu de nos embrassements. Elle s'enfermait chez elle, et semblait tourner de plus en plus à la religion ; moi-même je me surprenais souvent agenouillé. Je ne sais plus ce que je demandais à Dieu, tant ma prière était confuse. Peut-être lui demandais-je qu'il voulût bien accorder des enfants à Manon ; mais le ciel fut sourd à cette prière-là.

J'oubliais de dire que Tiberge, qui avait été présent à notre union, nous avait quittés pour aller passer une saison dans sa famille. Quand il revint, il nous trouva tristes et comme découragés. Nous n'avions plus rien à nous dire ; nous errions, comme des ombres, sous les tilleuls du parc. Manon surtout était silencieuse comme les statues. Nous nous étions tant dit que le bonheur serait avec nous, que nous n'avions plus la force d'être heureux.

Manon sembla se ranimer un peu au retour de Tiberge : elle fut plus expansive avec lui. Il m'arriva de les surprendre très-émus par la conversation. « Je vous avais répété, mon cher comte, me dit-il un jour qu'il venait d'avoir avec elle un long entretien, je vous avais répété que Dieu finit toujours par avoir raison du faible cœur de sa créature. Voyez comme l'amour humain est périssable, puisque le vôtre, que je croyais le plus vif, le plus persistant, commence déjà à sentir des défaillances ! — Qui vous a dit cela ! m'écriai-je en interrompant Tiberge ; est-il possible que Manon vous ait avoué qu'elle ne m'aimait plus ! — Allons, reprit-il, vous voilà encore dans votre erreur : Manon vous aime toujours, elle est religieusement attachée à ses devoirs ; mais, que voulez-vous ? son cœur s'est élevé plus haut, et je suppose que le vôtre lui pardonnera, si je vous dis qu'elle aime Dieu.

— O passion humaine ! m'écriai-je tout atterré, tu n'as que la force et la durée de l'orage. Quand l'orage a passé, il reste le ciel plus beau et plus grand ; mais le ciel dans toute sa pureté, le ciel où est Dieu, ne vous offensez pas, Tiberge, vaut-il les folles et adorables agitations de l'orage? » Manon, qui nous écoutait, entra d'un air étourdi et fit semblant de ne pas avoir le mot de notre entretien.

Je remarquai plus que jamais sa pâleur et son abattement. Je pensai que la solitude lui était mauvaise, et je la déterminai, non sans peine, à venir passer l'hiver à Paris ; moi-même ce ne fut pas sans des combats sans nombre que je me résignai à ce voyage terrible dans ce pays où j'avais failli perdre l'esprit et l'honneur. Nous y arrivâmes vers la fin de décembre, au temps où les cercles se rouvrent, où l'on oublie l'hiver à force de folies. Je ne savais quel parti prendre ; je voulais d'abord ne pas me mêler au monde, hormis dans les spectacles ; mais, pour vivre à peu près solitaire à Paris, était-ce la peine d'avoir quitté la province ? et puis je vins à songer qu'après tout le scandale de mes aventures n'avait été répandu que parmi les joueurs, les filles d'Opéra et quelques personnages à peu près étrangers à la bonne compagnie. On me connaissait d'ailleurs sous le nom du chevalier Des Grieux, un amoureux de vingt ans ; mainte-

nant que j'avais pris le titre du comte de P...,
et que la passion m'avait vieilli plus vite que les
années, nul ne viendrait dire qui j'étais autrefois. Je conduisis donc Manon dans les cercles à
la mode ; elle y prit d'abord quelque plaisir,
parce que la curiosité est presque la moitié de la vie chez les femmes; mais les cercles étaient devenus graves et sentencieux ; la
philosophie y avait pénétré, les beaux esprits
seuls y trouvaient leur compte. Les femmes
avaient beau être jolies, elles y perdaient leur
empire.

Manon, qui ne s'était jamais amusée par convention, s'y ennuya beaucoup. « Ah ! me dit-elle
un jour, comme j'aimais bien mieux le petit
cabaret où nous soupions si gaiement jusqu'au
matin ! Quel charmant tapage, le bruit des verres
et des chansons ! Quelle fleur de jeunesse ! Quel
oubli du monde où nous sommes et du monde
où Dieu nous appelle ! Ah ! mon cher chevalier,
où êtes-vous ? »

J'étais là triste comme si je pleurais sur mon
tombeau. Il y a deux hommes en nous, celui

de la folie et celui de la raison ; je pleurais le premier.

« Eh bien ! dis-je à Manon, nous irons souper au cabaret ; je retrouverai toute ma gaieté ; n'ai-je pas toujours tout mon amour ? Manon se jeta à mon cou. A la bonne heure, voilà qui est bien dit ; oublions tous les mauvais rêves de l'Amérique, et redevenons jeunes, ne fût-ce que pendant une nuit. »

Elle s'attifa en conséquence avec plus de laisser-aller que d'habitude ; elle retrouva, comme par magie, un petit bonnet qui rehaussait le charme si coquet de sa figure. C'était presque la Manon du beau temps. Hâtons-nous, me dit-elle, comme si elle eût pressenti qu'il ne fallait pas nous donner le temps de réfléchir.

Nous partîmes sans nous inquiéter de la mine ébahie des valets de l'hôtel ; nous nous jetâmes dans un fiacre et nous descendîmes au petit cabaret de la *Pomme d'or*, où plus d'une fois, au retour du jeu ou du théâtre, nous avions soupé avec un écu. Elle jeta sa mante sur une table, et parla haut pour se faire obéir, car elle commanda la fête. On nous apporta du vin. « Allons, mon cher chevalier, me dit-elle, ne perdons pas les minutes. Nous sommes amoureux, nous voilà réunis, qui sait ce qui nous attend demain? » Cette chère fille m'avait ainsi parlé autrefois en pareille rencontre. Je fis de mon mieux pour répondre à cette ouverture ; mais je pensais trop que c'était un jeu. Nous ne réussîmes pas à revivre du bonheur évanoui, ce dieu du hasard qui passe quand on ne songe pas à lui. Le vin nous parut amer ; il ne donnait plus l'ivresse ni la gaieté. Nous fîmes beaucoup de bruit comme pour nous prouver à nous-mêmes que nous nous amusions beaucoup : mais nous nous levâmes de table fort tristes et nous retournâmes à l'hôtel fort silencieux.

« C'en est fait, me dis-je en rentrant, nous ne vivrons plus que du passé. Nous essayerions en vain de rebâtir notre château de cartes ; on n'est pas bercé deux fois par le même rêve. L'amour est le dieu des aventures et des romans ; dès que la vie s'étaye sur la raison, il disparaît en se moquant. »

Je n'osais interroger Manon qui, de son côté, se jetait en plein désenchantement. Notre tentative avait échoué ; elle ne voyait que trop que le bonheur cherché est impossible à trouver. Mais nous n'avions garde de nous confier les tristes réflexions qui nous étaient venues. Pour expliquer notre abattement, je lui dis qu'à ce souper au cabaret il nous manquait des amis. « Oui, dit-elle ; mais où sont-ils ? Ah ! si nous avions rencontré la Bouquetière et ses cinquante amants ! » Elle m'avoua qu'elle avait averti la Bouquetière de notre séjour à Paris, et que cette fille devait venir le lendemain. « Monsieur le comte, me dit-elle en rougissant de cette entrevue promise, ne vous offensez pas de la présence de Marianne ; je ne veux la voir que par curiosité, désirant savoir comment elle a pu recommencer ses folies. »

La Bouquetière vint le lendemain. Manon lui fit mille questions ; Marianne éclatait en folie et en gaieté. « Voyons, Marianne, lui dis-je à mon tour, donnez-moi le secret de votre bonne humeur. — C'est bien simple, dit-elle : je vais de tourbillon en tourbillon, je n'ai pas une heure pour réfléchir et me voir passer. C'est une vie bien malheureuse que la mienne, trahie par l'un, abandonnée par l'autre, jalouse de celui-ci, surprise par celui-là, aujourd'hui riche, demain sans ressources ; mais je me trouve heureuse de mon malheur comme vous vous trouverez peut-être un jour malheureux de votre bonheur.

Manon s'était singulièrement animée pendant que Marianne expliquait sa vie. « Elle a raison, murmura-t-elle, croyant ne se parler qu'à elle-même. Mais j'avais entendu. — Oui, dis-je aussi, elle a raison. L'homme est ainsi fait : heureux du malheur, malheureux du bonheur. »

La Bouquetière nous quitta et revint le soir même d'un air mystérieux. « Monsieur le comte, me dit-elle, j'ai à vous apprendre une fâcheuse nouvelle : M. Synnelet est ici ; je l'ai vu à l'Opéra. J'ai appris de bonne source qu'il n'avait pu vaincre son amour et qu'il venait se distraire en France. Ne lui laissez pas voir madame la comtesse, car il se porterait à des extrémités. »

Manon était sortie ; elle rentra avec une lettre

de Tiberge. Elle brisa le cachet et la lut tout haut. Tiberge nous parlait des premiers beaux jours et nous demandait s'il nous reverrait bientôt. « Répondez-lui vous-même, dis-je à Manon. — Eh bien ! s'écria-t-elle en respirant avec plus de liberté, répondons-lui par notre retour. »

Nous partîmes sans laisser un regret à Paris. Durant les premiers jours de notre arrivée, nous retrouvâmes cette sérénité qui prend le masque du bonheur. Tiberge, qui était venu, nous avertit qu'il allait entrer irrévocablement dans la vie monastique. Il avait assez couru le monde. Quoi que je pusse lui dire pour l'attacher à notre maison, il tint bon dans son dessein ; Manon elle-même échoua dans ses prières.

. . . .

Aurai-je la force de terminer ce récit ?

Quand nous touchâmes au jour fixé pour le départ de Tiberge, je surpris cette conversation entre mon ami, mon seul ami, et la seule femme que j'aie aimée. C'était le soir, dans une sombre allée du parc. J'étais descendu de ma chambre, où j'écrivais à un procureur pour un procès important qui menaçait de m'enlever une de mes terres. J'avais laissé brûler ma lumière, qui sans doute indiquait à Manon que j'étais toujours là. « Oui, madame, lui dit Tiberge, je pars ; c'est Dieu qui le veut. — Vous partez et vous ne reviendrez plus ! murmura Manon d'une voix étouffée : vous partez !... Mais je vous aime... — Ah ! madame, s'écria Tiberge en tombant à genoux devant elle, j'ai été le premier coupable. A Marseille, ne vous rappelez-vous pas mon trouble en vous revoyant ? Dès ce jour, vous êtes venue vous placer entre mon cœur et Dieu. »

Après un silence, Tiberge, se relevant, continua ainsi : « Vous comprenez, madame, pourquoi je veux partir. Je ne vous dirai pas combien je trouvais doux de vivre auprès de vous ; mais c'est une ivresse qui a déjà trop duré. Dieu me la pardonnera-t-il ? Je trahis mon ami le plus cher ! Je voulais vivre pour lui ; mais je m'aperçois que je ne vis plus que pour vous. Adieu ! madame ! priez Dieu pour moi. — Adieu ! murmura Manon en retenant ses larmes ; adieu ! n'oubliez pas que c'est pour moi qu'il faut prier. »

Donc c'en est fait de l'amour de Manon pour moi. Elle aime Tiberge. O mon Dieu, n'était-ce pas assez d'épreuves pour mon cœur ?

Ah ! Manon ! Manon ! pourquoi n'es-tu pas restée enterrée sous le sable du désert !

. . . .

Et maintenant, qui a écrit les livres III et IV de *Manon Lescaut?* (Je ne parle pas du livre V que j'ai pour ainsi dire traduit en l'abrégeant.) On a dit que l'abbé Prévost, étonné lui-même du succès des livres I et II, n'eut pas le courage de résister au plaisir de vivre quelques jours de plus dans ses illusions. Voilà pourquoi il ressuscita Manon. Il ne paraît pas que le succès de la seconde partie ait été égal au premier, puisque le livre publié à Amsterdam un an après ne fut jamais réimprimé au xviiie siècle. L'abbé Prévost se jugea lui-même : il comprit que, quoique la seconde partie eût encore le souffle de la passion, elle ne pouvait que dépoétiser celle qui s'était repentie à force d'amour dans les sables du désert.

Sainte-Beuve s'était fort intéressé à la suite de Manon Lescaut. « A première vue, écrivait-il, on dit : Ce n'est pas de l'abbé Prévost ; mais on se demande aussitôt : Qui donc a pu faire cela ? Il y a tant d'or pur et tant d'or faux dans les *Mémoires d'un homme de qualité!* l'abbé Prévost ressemble si peu à l'abbé Prévost, qu'il y a tout à parier que Planche tout le premier s'y tromperait. Après cela, mon cher ami, n'est-ce pas le lot des critiques de se tromper ! »

Le lecteur se demandera à quoi bon avoir ressuscité Manon pour ne pas faire le bonheur de Des Grieux ?

C'est que quiconque a été mordu au cœur par l'ardente passion ne s'acclimatera pas aux joies sereines et sérieuses de la solitude. L'amour de Des Grieux pour Manon, c'était la fièvre, la folie, le jeu, le mouvement, le tapage, l'imprévu. La fièvre tombée, l'amour tombait aussi. Et, sans l'amour, il n'y avait plus que le regret. La conscience était là, qui dessinait d'une main implacable le tableau des folies passées.

La conclusion est amère : Tiberge égaré à son tour et trahissant son ami !

La morale de tout ceci, c'est qu'il est absurde de vouloir continuer un rêve quand on est réveillé.

CI-GIT
LE BRUIT DU VENT

HISTOIRE

DU VIOLONCELLE DE LA GRASSINI

I

J'ai vu mourir, dans le silence et dans l'oubli, tenant encore dans ses bras son violoncelle brisé, un musicien qui a eu ses jours de fête, d'amour et de poésie, qui a passé sa jeunesse avec des rois et des reines, dans les cours de France et d'Allemagne, qui a été trois semaines l'amant ou l'amoureux de la plus charmante des princesses profanes, la princesse Borghèse !

C'était un homme d'esprit, naïf comme un enfant, enthousiaste comme un Italien, aimant la musique à la folie, aimant la peinture sans y rien comprendre, aimant les femmes avec toutes les délicatesses galantes que chantait Benserade.

Blangini était né à Turin en 1781. Son père passait sa vie à plaider; aussi il laissa en mourant, pour tout débris d'une certaine fortune, un portefeuille plein de notes, indiquant ses droits sur le domaine de la Toricella. Blangini renonça à la succession ; il jeta les notes au feu, aimant mieux perdre son temps à égrener la gamme qu'à poursuivre des palais italiens ne valant guère mieux que des châteaux en Espagne. On sait que ce ne fut pas du temps perdu. Sa mère, d'une famille noble de Gênes, s'était attachée à la princesse Félicité de Savoie. Elle fut très hospitalière aux exilés français de 1792. « Par cette hospitalité, disait Blangini, elle nous ouvrait les portes de la France. »

Parmi les nobles exilés qui eurent recours au cœur et à la bourse de madame Blangini, il faut parler un peu de madame de Saint-S***. Elle avait, durant l'exil même, épousé à Turin M. de

Tro***. Les jeunes époux, tout égarés par la lune de miel, voulurent retourner en France. Madame Blangini trouva, dans sa noble pauvreté, cent louis pour leur périlleux voyage. Ils partirent, l'un par terre, l'autre par mer, résolus à tous les écueils pour revoir leur cher pays dans l'ivresse de leur amour. Ils arrivèrent à Paris au plus beau de la Terreur. Ils se retrouvèrent, mais se séparèrent bientôt, dans la peur de la mort, ou plutôt de la guillotine. Mademoiselle de Saint-R*** se déguisa en fille du peuple, pour travailler chez une couturière en toute liberté; M. de Tro*** alla on ne sait où. La pauvre épouse regretta bientôt de n'avoir pas su braver la guillotine à côté de son mari : la couturière chez qui elle était, lisait les gazettes ; un jour, elle apprend que M. de Tro*** vient d'être condamné à mort par le sanglant tribunal. Elle court se présenter devant Fouquier-Tinville. « Mon mari doit mourir demain, je veux mourir avec lui. — Voilà un beau trait de femme, dit le président. Citoyenne, va te faire couper les cheveux. » Elle alla rejoindre son mari; ils passèrent ensemble les dernières heures. On leur fit la grâce d'aller au supplice dans la même charrette. Ils moururent sans se plaindre, avec une funèbre volupté.

Blangini débuta en musique comme Grétry, dont il fut toujours un joli écho affaibli. A sept ans, il devint enfant de chœur de la cathédrale de Turin. On lui donna un maître de latin et un maître de musique. A quoi bon un maître de latin quand on va parler la langue universelle de la musique? L'abbé Ottani lui apprit la gamme; il étudia avec tant d'ardeur qu'à l'âge de douze ans il composa et fit exécuter, à l'église de la Trinité, un *Kyrie* de quelque caractère.

Il s'était pris dès ce temps-là d'un vif amour pour le violoncelle, qui a été jusqu'à sa mort son plus doux et fidèle amour. « Voyez, me disait-il en saisissant l'archet avec feu, c'est dans ce violoncelle que se sont enfouies peu à peu toutes mes espérances et toutes mes passions; il y a des âmes dans ce violoncelle que je puis ranimer comme par miracle; toute ma vie est là, car ma vie n'est plus qu'un souvenir. Si je voulais, au premier coup d'archet je verrais apparaître encore cette image adorée de Pauline. »

La cour de Turin était très-dévote ; Blangini fut élevé dans les chants sacrés et les fumées de l'encensoir : il ne s'en plaignit jamais. Bienheureux ceux qui apprennent à aimer Dieu à l'aurore de la jeunesse! cet amour parfume toute leur vie ; ils y reviennent çà et là comme à un cher refuge, dans leurs jours de chagrin ou d'ennui ; ils vont à la mort d'un pied plus ferme et d'un cœur plus calme. Cependant, à côté de l'église il y avait un théâtre, le théâtre *Carignano*. Blangini se cacha, pour y aller, dans la soutane de l'abbé Ottani, un soir qu'on jouait l'*Amor imaginario* de Fioraventi. Il fut enchanté de cette musique douce, suave, onctueuse. L'*Amor imaginario* demeura longtemps son bréviaire musical. « Près d'un demi-siècle après, je le sais encore par cœur ; dans mes loisirs solitaires, quand je laisse promener mes doigts sur le clavier, je suis tout étonné d'entendre des airs aimés de cet opéra. » Après Fioraventi ce fut Paesiello ; après l'*Amor imaginario* ce fut

Nina. Il y trouva des ravissements. « C'est à ces opéras que je dois le peu d'harmonie que j'ai promené par-ci par-là. J'ai été simple et naïf par souvenir de ces chefs-d'œuvre. J'aurais pu faire un peu plus de bruit... dans ma musique; mais je crains de réveiller désagréablement les ombres de ces grands maîtres, qui n'ont jamais fait de l'harmonie un exercice à feu. »

Blangini a écrit ses mémoires, tout comme Jean-Jacques et Chateaubriand. Il avait un certain tour pittoresque et poétique pour raconter sa vie. « Comment se fait-il que, me rappelant à peine ce que j'ai fait hier, les souvenirs de mon enfance se raniment par enchantement comme sous une baguette de fée? Ma mémoire est si complaisante pour ce temps-là, que je puis à mon gré me placer, en reprenant ma robe de lin, dans la cathédrale de Turin, devant le pupitre où je chantais avec ma voix claire d'enfant de chœur; je m'amuse à me redire comment j'ai passé de point en point le jour de Pâques, dont j'ai chanté l'épître; voilà bien les colonnes torcas entourant le maître-autel; voilà bien la famille royale de Sardaigne dans sa haute tribune, écoutant le divin office avec un pieux recueillement. L'illusion est si grande, que l'encens brûlé dans les magnifiques encensoirs d'argent parfume encore l'air que je respire. »

A seize ans Blangini allait poursuivre à Bologne son rêve ardent, quand un général qui s'appelait Bonaparte vint soudainement mettre sens dessus dessous toute l'Italie. Madame Blangini, bientôt sans asile et sans ressources, si ce n'est son grand cœur, résolut de partir pour la France à la grâce de Dieu. Elle était musicienne; elle espérait donner des concerts avec ses six enfants dans les villes du Midi. Toute la famille se mit en route un vendredi, malgré les prières de Blangini, qui eut toujours peur du vendredi (il est mort un vendredi). Le voyage alla bien durant deux jours; mais, au sommet du col de Tende, au lieu d'un hospice ouvert aux voyageurs comme au mont Cenis, ils firent une assez mauvaise rencontre. Ils venaient de rentrer dans la voiture, après avoir marché durant près de cinq heures, quand le vetturino se mit à siffler faux. » Quelle position pour un musicien ! « s'écrie Blangini. Bientôt ils entendirent crier : *Ferma ! ferma !* Blangini, qui avait pris le courage d'un chef de famille, descendit au plus vite. Il se vit tout d'un coup en face de trois hommes masqués armés de fusils. Ils le couchèrent en joue tout en parlementant. Tout le monde descendit de la voiture. Les brigands pillèrent sans pitié, après quoi ils firent agenouiller Blangini pour le fusiller. « On pourrait à moins avoir quelque rancune contre les vendredis. » Enfin, grâce aux larmes de sa mère et de ses sœurs, ils se contentèrent de le dépouiller jusqu'à la chemise, de le baigner un peu dans la neige et de rire beaucoup.

A Nice, la famille donna son premier concert. Il y vint du monde, un peu par curiosité : on voulait voir cette pauvre mère qui s'exilait, traînant à sa suite une demi-douzaine d'enfants presque à la mamelle, tous musiciens, chantant ou jouant. On s'embarqua pour Marseille, après avoir ramassé de quoi faire la traversée. On donna aussi des concerts à Marseille, à Montpellier, à Lyon, dans toutes les villes du Midi. Ce pèlerinage dura longtemps ; il fut béni du ciel et de sainte Cécile.

Enfin, on vint se hasarder dans ce palais et dans ce désert qui s'appelle Paris. Blangini, toujours enclin à la superstition, augura bien de l'hôtel où descendit la petite caravane : c'était l'hôtel de la Providence. Peu de temps après l'arrivée, on prit pied rue du Cherche-Midi, dans l'ancienne abbaye des Prémontrés. On vivait alors sur le passé, c'est-à-dire de peu : on songeait à donner des concerts à Paris ; on étudiait, on s'aimait, on priait Dieu avec accompagnement de piano, de guitare, de violoncelle. « Tous les soirs, entre neuf et dix heures, j'entendais avec un charme inconnu s'échapper au-dessus de moi quelques sons d'une vieille harmonie. » Souvent cette musique, qui semblait venir d'un autre monde, durait jusqu'au milieu de la nuit : c'étaient de vieux airs de Lulli et de Rameau. Au son criard de l'instrument, il reconnut à n'en pas douter une épinette du temps de la Régence. Il se contenta longtemps d'écouter la musique, sans souci du musicien ; mais, à la fin, sa curiosité peu à peu aiguisée l'entraîna presque malgré lui à la porte de son collègue en harmonie. Il frappa en tremblant. Il ne fut pas très-surpris d'être accueilli par une vieille dame de plus de quatre-vingts ans, habillée à la Pompadour, ayant encore le sourire, l'esprit et les belles façons du règne galant : c'était la marquise de Saint-Simon. Elle prit le jeune musicien sous sa protection ; elle lui apprit un peu la science du monde ; elle le prôna à tout venant parmi les débris de la noblesse, qui allait refleurir. Elle fut, pour ainsi dire, son premier article de journal.

De la rue du Cherche-Midi la petite caravane alla habiter près de la Madeleine ; c'était en 1799. Jusque-là Blangini n'avait guère que préludé ; mais, dès cette année, on put inscrire son nom parmi les vrais musiciens. Il donna des concerts chaque décadi dans la matinée. On parla de lui, on se raconta les malheurs de sa famille; enfin, soit par hasard, soit par curiosité, soit pour la musique, on alla à ses concerts. Il devint à la mode dans le beau monde, n'ayant guère que dix-huit ans. Il y eut donc chez sa mère du pain pour le lendemain, ce qui ne s'était pas vu depuis longtemps. En 1800, il commença le recueil de ses romances ; c'est de là que datent ces charmants nocturnes et ces gracieuses canzonnettes que plus d'un cœur se rappelle encore en tressaillant. De la romance il s'éleva à l'opéra-comique par *la Fausse Duègne ;* mais trouvant qu'une romance était d'un meilleur revenu, pour lui du moins, qu'un opéra-comique, il reprit son œuvre légère. Certaines romances de Blangini ont fait le tour du monde, comme peuvent le faire toutes les œuvres faciles qui viennent du cœur et qui vont au cœur. Le comte de Ségur a noté quelque part qu'il avait entendu chanter *Il est trop tard* en Sibérie. Blangini fut bientôt très-recherché pour donner des leçons de chant ou pour chanter. Jamais musicien n'a eu une si brillante école. La reine de Bavière, la reine de Westphalie, la reine de

Hollande, la princesse Pauline, la duchesse de Berri, la princesse Poniatowski, la comtesse d'Appony, la maréchale Ney, la duchesse de Rovigo, la marquise de Polignac, la duchesse de Broglie, en un mot, presque toutes les femmes célèbres de son temps par la naissance, par la beauté, par l'esprit, ont chanté avec lui. Il n'avait plus une heure de liberté, il dévorait le temps, il dévorait l'espace ; il allait dans dix salons durant la même soirée ; il rentrait tout brisé, tout abattu, n'ayant plus que la force d'embrasser sa mère et ses jeunes sœurs qui pleuraient de joie et de reconnaissance. C'était, disait-il, l'heure la plus douce et la plus glorieuse de la journée. A peine s'il prenait le temps de dormir. Pendant les quatre ou cinq heures de la nuit qu'il passait dans sa chambre, il veillait souvent pour une romance, un nocturne ou une canzonnette, quelquefois même pour un opéra. Mais l'opéra a toujours été au-dessus de ses forces ; il lui fallait simplement la brise amollie du sentier ; le vent de la montagne brisait sa jolie voix. On ne fait pas un opéra en courant, avec une petite mélodie et un gracieux air par-ci par-là. Pour un opéra, il faut du temps et du silence : Blangini courait toujours, au milieu des bruits du monde. Ses nocturnes ont été sa vraie gloire ; tout le monde les a chantés, à Paris et en province, au théâtre et dans la rue, à la cour et dans la mansarde. « Pourquoi vous bouchez-vous les oreilles ? lui demandai-je un jour. — C'est au souvenir d'un certain temps de ma vie où je ne pouvais faire un pas sans entendre ma musique. »

Il n'allait pas ainsi dans le beau monde, parmi toutes ces femmes si belles ou si gracieuses, ces reines du monde et ces reines de la mode, sans laisser çà et là des lambeaux de son cœur ; mais, en vrai disciple de Platon, il ne voyait dans l'amour qu'un archange aux blanches ailes, secouant dans nos âmes les plus chastes parfums du divin sentiment : c'était mieux que Platon, c'était Pétrarque. Ses canzonnettes et ses nocturnes n'étaient-ils pas des sonnets inspirés par l'une ou par l'autre de ses écolières ? Il aimait en silence, n'osant rien dire, même dans un regard. On l'aimait aussi dans le même mystère, et tout cela s'en allait en chansons ; mais n'était-ce pas assez de chanter un duo du cœur, de mêler sa voix dans la divine harmonie ? Que de gens qui feraient bien de s'en tenir à la chanson ! Blangini se rappelait surtout, parmi les plus aimées, mademoiselle de Montpezat et la comtesse de Lubersac.

II

En 1805, la petite caravane s'était un peu dispersée : une sœur qui jouait du violon était partie pour l'Allemagne ; une autre qui chantait comme un ange retournait en Italie. A son tour, Blangini voulut voyager, pour se reposer un peu de tout ce bruit parisien dont il avait les oreilles pleines. Il alla en Allemagne, où il rencontra, chantant ses nocturnes à la cour de Munich, le roi des Belges, qui était alors un duc de Saxe-Cobourg. Blangini fut bientôt nommé maître de chapelle. Après avoir chanté avec tous les grands personnages de la cour, il revint à Paris plus fier de son costume que de ses succès. L'électeur lui avait donné un vrai costume de maestro, habit vert avec parements et collet cramoisi, chapeau à trois cornes avec gland d'or, épée et dragonne d'officier. De retour à Paris, on lui ouvrit les portes du grand Opéra. Coiffé de son chapeau à cornes, il ne doutait plus de rien ; il fit la musique de *Nephtali* avec beaucoup trop de laisser-aller, comme si c'eût été un nocturne à deux voix. Le poëme était mauvais en sa qualité de poëme d'opéra ; cependant, en dépit du poëme et de la musique, *Nephtali* obtint un succès d'enthousiasme ; la toile baissée sur les applaudissements, on demanda les auteurs ; ce ne fut pas tout, à peine eut-on prononcé le nom de Blangini, que ces cris retentirent avec éclat : *Qu'il paraisse ! qu'il paraisse !* Il était dans la coulisse tout éperdu, n'ayant pas entendu une seule note de sa musique. Laïs et Rolland l'entraînèrent sur la scène pour obéir aux spectateurs. A ce beau temps de l'Empire, tout le monde était coiffé à la Titus, c'était comme une flatterie universelle pour Napoléon ; mais Blangini n'avait pas coupé ses cheveux, qui tombaient sur ses épaules en rameaux de saules pleureurs, poudrés à frimas. A la vue de sa jolie figure effarée, à demi perdue dans cette forêt de cheveux noirs, le parterre l'accueillit par un bel éclat de rire.

« Je pleurais comme un enfant ; je n'aurais jamais été si heureux de ma vie, si je ne l'eusse été plus encore quand j'embrassai ma mère. » Mais ce ne fut là qu'un succès de passage ; au bout de six mois il ne restait de toute cette musique qu'un seul air chanté par madame Branchu, et très-aimé de Méhul : *Votre cœur est-il inflexible ?*

Du grand Opéra il retourna à Feydeau avec *les Femmes vengées*, qui, grâce à Elleviou et à madame Gavaudan, firent assez bonne fortune. D'autres opéras-comiques suivirent celui-là sans trop de succès. Du reste, Blangini pouvait sans se plaindre passer à côté des honneurs de l'Opéra, lui qui se mettait si bien en scène sur d'autres théâtres.

Vers ce temps-là il devint un des musiciens de la cour de Napoléon. M. de Ségur, grand maître des cérémonies, M. de Talleyrand, premier ministre, Napoléon lui-même, l'accueillaient comme l'enfant gâté des femmes de cour et du génie lyrique ; mais il fut mieux accueilli encore par la belle princesse Pauline. Il osa en devenir éperdument amoureux; la princesse sourit à toutes ses inspirations. « Ce fut le plus beau duo de ma vie. » Il écrivit sous les yeux de la princesse ce nocturne qui fut tant chanté : *Se son lontano de mio diletto*, cette romance dont les paroles étaient d'elle-même : *Il faut partir, le ménestrel vient de l'apprendre;* enfin un grand nombre de fraîches et sveltes mélodies qui devaient vivre l'espace d'un matin.

La princesse le nomma directeur de sa musique; Joséphine, pour la contrarier, nomma le lendemain Blangini compositeur de sa chambre. Que faire? Servir deux maîtres passe encore; mais deux femmes, c'était courir grand risque de gâter le concert. Blangini vota selon son cœur. La princesse partit pour Nice; il la suivit, comme un grand seigneur, dans un équipage de la cour. Malgré tout son amour, il songeait un peu à la vanité de reparaître dans son pays avec cet attirail de la fortune.

Le séjour de Nice, sous les regards enchanteurs de Pauline, fut la plus douce oasis de sa vie. Il osait à peine croire à son bonheur, il s'en

effrayait presque. Que de belles promenades sur
le bord de la mer ou dans le jardin du palais!
Que de soirées délicieusement perdues à rêver
ou à chanter avec Pauline!

C'était presque la vie de château : on se levait
de bonne heure; après un gai déjeuner, on montait en carrosse, on descendait au jardin ou on
allait sur la mer. Il y avait un grand charme de
sans-façon. Si la princesse avait par-ci par-là
des excellences de département ou de passage à
recevoir, elle prenait le plus grand sérieux du
monde; mais ses amis savaient bien qu'elle riait
sous cape; elle régnait plutôt par l'empire de
ses grâces, de sa beauté et de son esprit, que
par l'empire de son frère. De son mari, le prince
Borghèse, il n'était jamais question. Tout le
monde se ressentait du laisser-aller dans la petite cour de Nice; on ne s'amusait pas de toutes
ses forces, mais de tout son cœur. Le soir,
Blangini avait fort à faire : de la musique, toujours de la musique; c'était le fond de la conversation. Entrait-il un dignitaire de Nice, vite
une ritournelle des plus gaies; une grande

dame, vite une sérénade. Tout le monde était accueilli par ordre de gamme. L'archevêque de Gênes, le cardinal Spina, grand aumônier de la princesse, était salué comme les autres aux accords de la musique profane. Le dimanche, on dressait un autel dans le salon pour y dire la messe ; Blangini tenait le piano pour contrefaire l'orgue ; Pauline, nonchalamment renversée sur un canapé, écoutait plus ou moins le prêtre et le musicien. On n'est pas si belle sans être un peu profane. Cependant, en ce palais plein de musique et d'amour, qui était presque un palais de fées, Blangini n'était pas sans inquiétude : le bonheur est toujours tremblant. Il savait très-bien que, si Napoléon découvrait le mystère, le pauvre Blangini courait la faveur d'un brevet de sous-lieutenant pour aller chanter ses nocturnes en Espagne avec accompagnement de canon. D'un autre côté, la princesse avait le cœur fantastique ; il fallait l'amuser sans cesse. Amuser une belle femme qui n'a rien à gagner ni rien à perdre, c'est l'œuvre d'un génie de premier ordre ; or, Blangini pouvait se dire plus

souvent que Titus : « J'ai perdu ma journée. »
Elle voulait qu'il ne chantât que pour elle. Un
soir, elle apprend qu'il est allé chanter chez le
préfet de Nice ; elle lui dépêche un valet de
pied, avec l'ordre de l'interrompre et de le ramener. L'ordre fut exécuté de point en point.

« Où en étiez-vous de votre chant, monsieur ?
lui dit-elle à son retour.

— Je chantais, madame, ne vous déplaise,
cet air de Nephtali : *Nous le touchons, ce fertile rivage;* mais je n'ai pu achever. On s'est imaginé
chez le préfet que votre palais était en feu, tant
le valet faisait de bruit.

— Le palais en feu, ce n'eût été rien ; je
m'ennuyais, voilà le secret. Reprenez l'air à la
note où vous en êtes resté. »

Il fallut obéir.

La princesse avait tous les caprices d'une
belle femme. Une autre fois qu'elle s'ennuyait
encore, elle appelle Blangini.

« Ce soir, maestro, nous nous déguiserons
pour aller incognito chez la bohémienne dont
on parle tant ici. Soyez prêt à me suivre. Je

veux savoir un peu si je suis destinée à un trône ou à une chaumière.

— Qu'importe la chaumière ou le trône? ne serez-vous pas toujours une reine?

— Je veux avoir le mot de l'énigme de ma vie, voilà tout. Prenez l'habit d'un moine défroqué; moi je me déguiserai en bénédictine. »

Le soir, la princesse et le musicien sortirent en silence du palais. Ils allèrent à pied jusqu'à l'hôtel où prophétisait la bohémienne. Ils s'annoncèrent comme des gens d'Église, frère Pancrace et sœur Agnès. La bohémienne ne fut pas leur dupe, quoique devineresse. Elle reconnut, sinon Blangini, du moins Pauline, qui était princesse jusqu'au bout des ongles.

« Oh! oh! dit-elle, cette sœur-là n'est pas si catholique qu'elle en a l'air. Ce n'est point à moi qu'on en conte de pareilles.

— Je ne vous demande pas ce que je suis; je veux savoir ce que je serai, dit Pauline en abandonnant sa main à la bohémienne.

— Ce que vous serez, ce que vous serez, dit la vieille, en étudiant tout à la fois les lignes de la main et les traits de la figure ; vous ne serez pas, j'imagine, une sainte du calendrier.

— Enfin, reprit la princesse avec impatience.

— Que voulez-vous que je vous dise ? c'est triste à dire... Vous mourrez sur le champ de bataille, c'est-à-dire dans votre beauté... Voyez, la ligne s'arrête avant le point de cinquante ans.

— Et où mourrai-je ?

— En Italie.

— Je veux mourir en France. Vous ne savez pas ce que vous dites : je vais bientôt retourner à Neuilly, où je veux vivre jusqu'à la fin. N'est-ce pas, frère Pancrace ? »

Blangini s'approcha.

« Et moi, où mourrai-je ? demanda-t-il à la bohémienne.

— Où voulez-vous mourir ?

— En Italie, dans mon vrai pays.

— Eh bien ! vous mourrez en France, dit la bohémienne en interrogeant un sablier.

— Je vois bien, reprit Pauline, que la destinée n'est jamais de notre avis ; elle s'arrange toujours de façon à déjouer nos vœux les plus chers. Rien n'est aisé comme de prédire l'avenir à des gens dont on sait les désirs; il faut tout simplement, pour tomber juste, prédire le contraire de ce qu'ils attendent. Mais ce n'est pas tout; je voudrais bien savoir, par la vertu de votre petite magie, pourquoi je mourrai à quarante ans.

— Hélas! ma belle dame, vous savez comme moi qu'ici-bas on meurt souvent par où l'on a péché. Une belle femme d'ailleurs n'a plus rien de bon à faire quand elle a découvert un cheveu blanc dans ses cheveux noirs.

— Mais qui est-ce qui me forcera d'aller mourir en Italie?

— Mon art est très-borné; je ne devine pas bien les petites causes. Celui qui vous forcera de retourner en Italie sera sans doute le prince votre auguste époux.

— Quelle perspective! dit la princesse. Ce sera pour le fuir! »

Pauline s'en alla très-mécontente de la bohémienne, qui, par hasard, avait presque prédit juste. Les prédictions pour Blangini ne tombèrent pas si bien; elle avait dit qu'il mourrait dans l'exil : Blangini est mort dans son vrai lit, exilé de la gloire sans doute, mais la devineresse ne faisait pas de métaphores.

Durant son séjour à Nice, Blangini alla à Milan, espérant y recueillir des idées musicales ; mais que trouva-t-il à Milan ? On lui dit que le fils de Mozart habitait cette ville ; par religion pour le père, Blangini voulut rendre ses honneurs au fils, espérant d'ailleurs trouver un digne écho du grand musicien ; il monte à son logis, il entre, il salue ; un monsieur d'assez mauvaise mine, perdu dans les chiffres, lui répond par monosyllabes.

« Mais enfin, monsieur, est-ce bien vous qui êtes le fils du grand Mozart ?

— Oui.

— Vous êtes venu dans cette patrie des arts, protégé par l'ombre de votre père... »

Mozart second du nom ne comprenait pas.

« J'espérais, monsieur, vous trouver en tête-à-tête avec un piano ou un violon.

— Que diable me chantez-vous là ? je n'aime pas la musique.

— Quoi! vous n'êtes pas musicien?

— Moi! pour qui me prenez-vous? Je suis banquier, monsieur. Tenez, voilà comment j'entends la musique. »

M. Mozart prit dans sa main une pile d'écus et les fit sonner sur son comptoir.

Cependant Napoléon, un peu scandalisé du duo, donna l'ordre de rappeler en France l'un des exécutants; mais Pauline ne voulut pas laisser partir Blangini. « J'improvise les paroles et vous la musique d'un nocturne qui ne regarde pas Sa Majesté mon frère. Je ne céderai qu'à la force des baïonnettes. » Napoléon, connaissant le mauvais esprit de sa sœur, se contenta de lui envoyer son mari, le prince Borghèse : c'était bien pis que les baïonnettes. Le prince lui-même, tout mari qu'il était, voulait être du concert et de la partie. Voilà un mari bien avisé! La princesse, apprenant sa prochaine arrivée, le voulut braver jusqu'au dernier moment : elle monta en calèche avec Blangini, et se promena ainsi par toute la ville, nonchalamment penchée vers le musicien, qui n'osait pas se plaindre, mais qui tremblait comme un Italien en mauvaise fortune.

Le mari fit si bien son compte que Blangini fut bientôt forcé d'aller chanter ailleurs. Il revint à Paris en très-petit équipage, avec quelques bribes de mélodie interrompue. Il se remit à l'œuvre.

Il n'eut guère la main heureuse pour trouver les poëtes de romances et d'opéras ; il faut dire qu'il florissait sous l'Empire. Les meilleures paroles lui viennent des femmes. La Grassini entre autres l'inspira très-agréablement par ce chant de sa façon :

> Adora in cenni tuoi questo mio cor fedele,
> Sposa sarò se vuoi non dubitar di me,
> Ma un sguardo sereno ti chiedo d'amor.

La Grassini devait chanter la *Cleopatra* devant Napoléon ; elle était dans ses bonnes grâces ; elle avait imaginé ce hors-d'œuvre dans l'opéra. Tout en chantant, elle tournait ses regards amoureux vers la tribune de l'empereur. C'était encore Cléopâtre en face de César.

Blangini, après avoir vaincu Napoléon sur le champ de bataille de la Grassini, retourna en Allemagne, directeur de la musique du roi de Westphalie; il mena grand train à la cour. Au bout d'un an, le roi, mécontent de sa chapelle, lui donna la mission d'aller, avec 100,000 francs, en France ou en Italie, à la recherche de trois chanteurs. Blangini fit un voyage charmant, prenant le chemin des écoliers. Il revint seul sans un sou. Il fut disgracié : on était d'ailleurs en 1814.

III

Blangini fut de tous les partis, excepté du parti des rois qui ne payent pas. Il revint à Paris. Pour quel roi allait-il chanter ? Lui-même allait-il se faire Français, rester Bavarois, redevenir Italien ? L'ingrat! il commença à chanter pour les Anglais, avec la *Cleopatra*, qui allait de César à Pompée. Blangini a péché par là : il faut une patrie au talent comme au courage ; Blangini n'a pas eu de patrie, c'est le triste chapitre de sa vie.

En 1817, Louis XVIII le nomma surintendant de sa chapelle ; peu de temps après, la duchesse de Berri le nomma directeur de sa musique. Un peu fatigué de ses voyages, il se fixa de toutes les façons. Il épousa une des plus jolies et des plus charmantes femmes de Paris ; mais c'en était déjà fait de sa renommée, sinon de son bonheur. On ne chante pas toujours la même chanson.

La princesse Pauline ne l'avait pas oublié. Elle lui écrivit qu'elle l'attendait en Italie. Comment ne pas aller rejoindre tant de beauté et tant d'amour? Mais comment quitter tant d'amour et tant de beauté? Il tint bon dans l'hyménée. Cependant, plus d'une fois, il a dû suivre de ses rêves celle qui avait daigné descendre jusqu'à son cœur.

Comme tous ceux qui passent par l'éclat de la mode, un jour de hasard et de bonne fortune, Blangini passa de mode ; cette renommée qui fut si brillante s'effaça peu à peu ; ce nom, que toutes les lèvres disaient en chantant, se laissa presque oublier ; on ne peut pas toujours faire des nocturnes et des canzonnettes, on ne peut pas toujours être l'amant de la princesse Pauline : tout cela est l'œuvre de la jeunesse, il faut bien que la jeunesse se passe. Le grand opéra le renvoya bientôt à l'opéra-comique, l'opéra-comique au vaudeville, le vaudeville à la romance, la romance à l'oubli. Il se consola un peu dans les honneurs stériles ; Louis XVIII lui donna des titres de noblesse : passe encore si ces titres lui

eussent été accordés par Mozart et Palestrina.
Le pauvre hommel à ses derniers jours, il se
sentait tant délaissé des gloires d'ici-bas, qu'il
recherchait avec ardeur celle d'adjoint au maire
d'un petit village de la Beauce. La musique,
heureusement pour lui, ne l'avait pas tout à fait
délaissé ; c'était encore, comme en sa jeunesse,
son refuge le plus cher et le plus doux. Pour ce
musicien déchu, la musique était une maîtresse
toujours adorée, quoique flétrie ; il n'osait plus
la conduire dans le monde, où l'on parlait de
ses cheveux blancs; il la promenait dans la solitude, ressaisissant sur son sein les éclairs du
beau temps. J'ai souvent entendu le pauvre
Blangini, s'abandonnant à son inspiration encore ardente, retrouver çà et là quelques mélodies dignes de l'amoureux de Pauline. Son œil
se ranimait au feu sacré ; il écoutait avec une
amoureuse tristesse ces chants qu'il ne prenait
pas la peine de noter, ces chants qui se perdaient au ciel avec ses dernières espérances.
Quelquefois il se levait tout agité, il laissait
tomber ses bras, il penchait tristement la tête et

semblait dire : « Pourtant, c'est encore de la musique! » Benserade aussi, qui avait eu ses jours de fête à la cour de Louis XIV, Benserade, « le favori de la gloire et de la fortune, » finit par ne plus trouver d'imprimeur pour ses jolis vers; mais lui, du moins, il lui restait du charbon pour les inscrire sur les murs de sa chambre, où on venait les lire. Blangini ne voulait plus noter ses chants : « Ma femme et ma fille elles-mêmes ont bien autre chose à chanter ; mais d'ailleurs, ma femme et ma fille sont toute ma chanson. » Il n'y a pas de plus triste spectacle que celui d'un artiste qui assiste à l'agonie de sa renommée, quand les belles aspirations lui montent encore au cœur.

Blangini a été un Grétry colibri : la grâce sans force jamais; la gentillesse délicate des oiseaux. La gravité des chants d'église n'avait pas laissé d'écho dans son âme. Il avait étudié la musique un peu *silencieuse* de Fioraventi; il avait recherché la simplicité des grands maîtres; mais pour la simplicité il faut presque du génie : la simplicité de Blangini n'a pas souvent atteint le caractère du génie : Il était poétiquement doué; ce qui l'a perdu, c'est son succès à dix-huit ans; il a gaspillé en vains bruits, en nocturnes et en canzonnettes tout ce qu'il avait dans l'âme; il a gaspillé à pleines mains ses mélodies à peine créées; il a secoué l'arbre pour les fleurs sans même songer à attendre les fruits. L'arbre lui est devenu stérile, mais du moins Blangini s'est enivré des fleurs au printemps.

IV

Un soir d'hiver, il y a bien longtemps, je rencontrai Blangini dans le monde, où il n'allait plus qu'à grand'peine; nous nous entendîmes sur Mozart; le soir nous nous quittâmes le cœur sur la main et en nous donnant la main. Il s'ennuyait, il avait perdu tous ses amis : il voyait, avec un heureux sourire, un rimeur de vingt ans vivant de temps perdu.

Chez lui, l'amitié allait bon train; le lendemain, avant le jour, je m'éveillai entendant ouvrir ma porte.

« Qui vive !

— C'est Blangini qui vient vous prendre pour partir.

— Pour partir? Et où allons-nous donc?

— Dans ma thébaïde. »

J'allumai la bougie; je regardai Blangini avec

défiance, mais je lui trouvai l'air du monde le plus raisonnable : il était dans l'équipage d'un voyageur anglais plutôt qu'italien. Je n'eus pas de peine à me décider à le suivre. Quelques minutes après je montais dans sa chaise de poste : car la fortune ne l'avait pas tout à fait oublié. Nous allâmes à sa campagne, au beau milieu de la forêt d'Orléans. Notre voyage fut charmant malgré la neige ; nous passâmes deux mois dans la forêt en compagnie des loups, du curé voisin, d'une jolie Orléanaise. Cette thébaïde était assez bruyante ; piano, violoncelle, hautbois, c'était à qui prendrait la parole. La nuit même, une harpe éolienne nous chantait les complaintes les plus funèbres.

Blangini s'était donc retiré du monde, dans la forêt d'Orléans, avec ses chers souvenirs, avec son doux violoncelle, avec le portrait au pastel de la princesse Pauline. C'était un solitaire très-hospitalier et très-aimé dans le pays ; les pauvres se détournaient de deux lieues pour passer devant sa porte.

Il jouait toujours du violoncelle.

« Voyez-vous, me dit-il un jour, ce violoncelle, c'est la Grassini qui me l'a donné. Son âme est là avec ma jeunesse. »

J'ai rencontré Blangini pour la dernière fois, il y a un an, chez un marchand de curiosités. Je l'avais un peu perdu de vue. C'était toujours le même homme, triste, souriant, inquiet, extravagant, l'œil plein de feu.

« Eh bien ! mon cher Blangini, où en sont les canzonnettes ?

— Les canzonnettes ? hélas ! j'en suis à mon *requiem !*

— Et votre cher violoncelle ?

— Ah ! mon violoncelle, j'y ai répandu bien des larmes depuis notre voyage dans la forêt ! J'espère que Dieu me donnera la force de le briser à l'heure de ma mort ; car, poursuivit-il avec un doux sourire attristé et en me serrant la main, je ne veux pas qu'un autre ait le secret des folies de mon cœur... Ah ! la Grassini !... »

Blangini fut moins un musicien qu'un poëte. Il écrivait ses hymnes avec son archet sur le violoncelle, le violoncelle, livre éloquent qui renferme la gamme des passions et répond à tous les battements du cœur. *Ci-gît un poëte, ci-gît une âme qui chantait, ci-gît le bruit du vent,* comme disait Antipater sur la tombe d'Orphée.

UN ROMAN
DE JEAN-JACQUES

Un jour, à l'Ermitage, Jean-Jacques, qui avait peut-être écouté la veille les commères de Montmorency, voulut écrire un roman grand comme la main, un de ces récits qu'on lit d'un coup d'œil sans presque retourner la page. Il ne se savait pas encore romancier. Il laissait cela à l'abbé Prévost, qui signait un chef-d'œuvre sans le savoir et sans le faire savoir à ses contemporains.

En ce temps-là Voltaire écrivait des contes sans y mettre son nom, mais en les signant de sa griffe de lion, ce roi des conteurs. Jean-Jacques ne conta bien que sa vie. Il y a tout un monde entre Jean-Jacques et Voltaire. Le premier est plein de lui-même et montre l'univers par ses *Confessions*. Le second ne contera pas sa vie, parce que c'est dans l'humanité qu'il voit l'homme.

En ce temps-là, Jean-Jacques était encore à l'école de Diderot. C'était son philosophe et son conteur. Le premier livre de Jean-Jacques est un paradoxe de Diderot [1]. Son premier conte fut un mauvais conte à la Diderot. Voyez ces pages inédites : *les amours de Claire et de Marcellin* [2]. Ce pâle feuilleton d'il y a cent ans était-il destiné au *Persifleur*, ce journal de Diderot et de Jean-Jacques, qui mourut à son premier numéro [3] ? Non, car Jean-Jacques veut bien faire du paradoxe, mais il ne veut pas persifler. Il

---

1. Cet ouvrage est son discours sur cette question posée par l'Académie de Dijon : *Si le rétablissement des sciences et des arts a contribué à épurer les mœurs ?*
2. Œuvres et correspondance inédites de J.-J. Rousseau, publiées par G. Streckeisen-Moultou. Un volume. Michel Lévy.
3. Qu'on suppose un instant, dit un persifleur moderne, que le succès fût venu au *Persifleur*, voilà Jean-Jacques Rousseau et Diderot qui font fortune en riant. Il n'est plus question de l'Encyclopédie. Diderot ne rattache pas Voltaire à son œuvre révolutionnaire, Jean-Jacques ne sème plus en France ses enthousiasmes républicains, Louis XVI meurt sur le trône, et nous vivons sous le règne des rois de France et de Navarre !

laisse le rire à Voltaire. Un mot de nature et un battement de cœur sont pour lui le Traité du sublime.

Mais lisons Jean-Jacques.

LES AMOURS DE CLAIRE ET DE MARCELLIN

« Dans le village d'Orival, en Dauphiné, demeurait un laboureur à son aise, nommé Germon. Le paysan avait un fils unique nommé Marcellin, jeune homme heureusement né et d'un mérite d'autant plus vrai, qu'il n'avait point reçu le fond de l'éducation. Son père, fâché de n'avoir que lui, voulut le marier de bonne heure pour s'assurer une plus nombreuse famille; car la multitude des enfants, qui chez les paysans ajoute à la misère des pauvres, augmente la richesse de ceux qui sont à leur aise. Germon, s'étant donc arrangé pour ce mariage, le conclut moins en villageois qu'en homme riche, c'est-à-dire sur les seules convenances du bien et sans beaucoup consulter son fils.

» Marcellin, à qui le cœur ne disait rien en

faveur du choix de son père, mais qui n'avait point non plus rien de raisonnable à y opposer, prit le parti d'obéir sans murmure, et le mariage allait s'achever si, deux jours avant la noce, le fiancé ne se fût trouvé attaqué d'un mal fort extraordinaire. Des vomissements continuels, accompagnés de convulsions et de symptômes dangereux, firent craindre pour sa vie. On appela le chirurgien du village, qui, ne connaissant rien à un mal aussi singulier, ne manqua pas d'en donner une longue explication et de faire beaucoup de mauvaises ordonnances, faute d'en savoir trouver une bonne. Heureusement pour le pauvre Marcellin, on découvrit la véritable cause de sa maladie avant que les drogues de son Esculape lui en eussent donné une plus dangereuse. Cette cause secrète était l'amour, mais avec des circonstances si singulières, qu'elles feront mieux connaître l'innocente simplicité de ce jeune homme que toutes les descriptions que j'en pourrais faire.

» Une jeune fille d'Orival, nommée Claire, avait été élevée à Valence auprès d'une dame qui l'avait prise en amitié et dont sa mère avait nourri un enfant. Cette dame était morte à peu près dans le temps que le mariage dont je parle avait été résolu, et quelques jours après cet événement, Marcellin, étant allé à Valence avec sa mère, faire des emplettes de noce, avait eu occasion de voir Claire pour quelques commissions dont la famille de cette fille l'avait chargé pour elle.

» Claire était charmante sans être belle, ou du moins sa beauté avait plus d'élégance que de régularité ; elle n'excitait point l'admiration, mais elle touchait, sans qu'on sût pourquoi.

» Ces deux personnes se virent donc, et l'on devine bien ce qui arriva [1]. Marcellin revint tout pensif à son village, et trouva sa fiancée encore plus maussade qu'auparavant. Quelque indifférent qu'il fût pour sa parure et celle de son épouse, il se trouva qu'on oubliait toujours je

---

[1]. Le véritable amour augmente de part et d'autre les difficultés de la possession. Le pays où la débauche règne avec le plus d'excès sont ceux où l'on connaît le moins l'amour.

J.-J. R.

ne sais combien de choses nécessaires, pour lesquelles il fallait nécessairement autant de voyages à Valence sans manquer jamais d'aller recevoir les commissions de mademoiselle Claire.

» Après la perte de sa protectrice, Claire n'avait point songé à quitter la ville, où elle pouvait vivre commodément de son travail et d'une pension que cette dame lui avait laissée. Durant les courses de Marcellin, elle changea d'avis, et réfléchissant qu'il était plus convenable de vivre sous les yeux de ses parents, elle prit le parti de retourner chez son père; aussitôt qu'elle fut à Orival, Marcellin n'avait plus rien à faire à Valence.

» Claire apprit avec surprise que Marcellin était prêt à se marier. Dans toutes les visites qu'il lui avait faites, il ne lui en avait jamais parlé, et comme elle ne trouvait pas que le ton qu'il avait pris avec elle fût celui d'un homme prêt à en épouser une autre, elle se crut en droit de lui reprocher sa dissimulation; il lui échappa même quelques larmes qu'elle s'efforça de cacher, Marcellin s'en aperçut pourtant ; il en fut ému jusqu'au fond du cœur, et deux gouttes d'eau presque imperceptibles furent la source de bien des orages.

» Marcellin au désespoir, et plus amoureux cent fois qu'il ne croyait l'être, résolut de rompre ou de différer au moins son mariage ; il fut à diverses reprises sur le point d'en parler à son père ; mais ce rude et grossier paysan, qui poussait jusqu'à la brutalité la sévérité paternelle, était d'un entêtement que rien ne ramenait. Le fils, qui en craignait l'abord et qui croyait prévoir l'inutilité de ses représentations, y renonça moins par raison que par timidité. Il aurait parlé volontiers à sa mère, mais elle avait plus de complaisance pour lui que de crédit sur l'esprit de Germon. D'ailleurs elle était malade depuis longtemps ; il craignait de l'affliger et de nuire à sa guérison ; enfin, malgré cette maladie qui traînait en longueur, et sur laquelle Marcellin avait fondé l'espoir d'un délai, le jour de la noce ayant été fixé par les parents qui s'ennuyaient d'attendre, Marcelin s'avisa d'un expédient pour différer le moment de son malheur, et cet expédient fut de se procurer une maladie passagère propre à donner un peu d'alarmes sur son compte et à faire suspendre le mariage. — Il avait trouvé un paquet d'émétique qui contenait plusieurs doses et qui avait été préparé pour sa mère ; il avala le tout sans marchander. Je ne sais si son amour avait prévu la grandeur du péril où il s'allait précipiter, mais la trop grande dose, jointe au défaut de précautions nécessaires pour adoucir et faciliter l'effet de cette dangereuse drogue, le mit dans un état à faire craindre pour sa vie, et voilà ce qui avait produit, de la part du chirurgien, tant de savantes dissertations.

» Le danger du fils ranima la mère et l'arracha de son lit ; et cet événement, qui lui eût peut-être ôté la santé si elle l'avait eue, la lui rendit contre toute apparence, tant la nature a de ressources inconnues à l'art. Cette bonne femme soupçonna quelque chose d'extraordinaire dans la maladie de son fils ; ce sont, en pareil cas, des yeux bien pénétrants que ceux d'une mère. Elle s'aperçut avec effroi que la fatale drogue avait disparu. Pleine de trouble, elle questionne son fils; il balance; elle le presse; et, employant à propos ces tendres caresses maternelles si puissantes sur les bons naturels, elle arrache enfin son secret, et il finit sa confession en lui déclarant qu'il ne pouvait aimer la vie que pour la passer avec Claire.

» Les causes du mal une fois connues, il n'y avait plus de difficultés dans le choix des remèdes. La jeunesse et la vigueur du malade promettaient bien la prompte guérison du corps, mais la plaie de l'âme devait saigner longtemps.

» Germon apprit avec surprise le secret de la maladie de son fils; cependant, son opiniâtreté naturelle balança longtemps l'effroi que lui causait une résolution désespérée. Il la regarda plutôt comme une simplicité de jeune homme que comme un excès d'amour, car les phénomènes de cette étrange passion sont des mystères inconcevables pour les cœurs qui ne sont pas faits pour la sentir. — Claire ne s'y trompa pas de même; le secret avait transpiré; quoique la bonne Germon fût mère, cela n'empêchait pas qu'elle ne fût femme, et l'on conçoit bien qu'en pareil cas une amante inquiète n'est pas la dernière instruite des événements qui l'intéressent. Claire vola au chevet de Marcellin ; elle avait le bonheur de n'être pas esclave de ces ridicules bienséances qui font des procédés des villes un commerce perpétuel de contrainte et de fausseté. Elle se livra donc sans scrupule à toute la sensibilité de son âme ; ses yeux en disaient plus que sa bouche, et elle pouvait s'exprimer avec d'autant plus d'assurance, que le langage du sentiment si vif, si énergique, si bien entendu d'elle et de Marcellin, ne l'était guère des autres spectateurs.

» Elle le trouva presque hors de danger et sa présence acheva de l'y mettre, de sorte qu'elle jouissait de son triomphe sans avoir rien à craindre pour l'événement. Cette preuve si décisive des sentiments de Marcellin ne fit pas moins d'impression sur elle que ses pleurs en avaient fait sur lui, et elle ne tarda pas à lui rendre d'une manière aussi peu équivoque les témoignages d'amour qu'elle en avait reçus.

» Claire s'était bien aperçue que le père et la mère de Marcellin la voyaient avec une sorte de peine. Ils avaient fait des projets sur le mariage de leur fils. Ils étaient riches : c'était une très-forte raison de vouloir l'être davantage. Et quoique la fille qu'ils avaient choisie ne le fût pas beaucoup elle-même, ils comptaient sur le crédit que son père avait au château pour en obtenir la ferme et pour d'autres avantages qui les auraient rendus les premiers du lieu. On ne pouvait rompre le mariage sans renoncer à des vues si séduisantes. Ils ne voulaient pas rendre Marcellin malheureux, car ce n'est pas dans un degré si bas que l'ambition fait taire la nature, mais ils étaient attristés que son goût fût un obstacle à leurs projets. Des projets de villageois! Pourquoi non? César même n'aimait-il pas mieux être le premier dans un hameau que le second à Rome?

» Tandis que Germon et sa femme disputaient entre eux si leur fils serait heureux ou riche, le père de la fiancée vint les mettre d'ac-

cord de la manière la plus imprévue. Il leur dit que sa fille, dépitée du mépris de Marcellin et de son amour pour Claire, renonçait à ce mariage, et qu'il venait leur rendre leur parole et retirer la sienne ; mais il ne disait pas la véritable cause de ce changement : c'était la tendre Claire qui avait trouvé le rare secret de gagner sa rivale, et d'obliger une fille sage et sans autre amour à rompre volontairement un mariage assorti. Claire alla trouver la fiancée : « J'aimais Marcellin, lui
» dit-elle, avant que je susse qu'il t'était promis,
» et je ne puis plus m'empêcher de l'aimer en-
» core ; ton mariage et mon amour nous rendront
» toutes deux malheureuses. Avec ce contrat de
» deux cents livres de rente que je te donne tu
» peux choisir un aussi bon parti et trouver de
» plus un mari qui t'aime ; cède-moi donc à ce
» prix un cœur qu'également tu m'ôterais avec
» peine ; il te convient mieux de porter du bien
» à un homme dont tu seras aimée, que d'en
» recevoir d'un homme qui en aime une autre. »
Ce qu'il y avait de plus clair dans tout ce discours pour la fiancée, c'étaient les deux cents

livres de rente, et ce fut le motif qui la détermina ; elle vendit son mari futur, qui lui convenait assez mal, pour en acheter un plus éveillé et dont l'humeur promît davantage ; en effet, Marcellin, garçon modeste et peu fertile en sottises, passa toujours chez ses connaissances pour avoir assez peu d'esprit.

» Jamais Claire ne fut si contente qu'au moment qu'elle n'eut plus rien ; jamais son amour ne lui fut si doux qu'après lui avoir tant coûté. Marcellin, de son côté, fut transporté de joie à cette heureuse nouvelle. Il sentit combien il était aimé et combien Claire était digne de l'être. De son côté, fier de la pâleur et de la faiblesse qui lui étaient demeurées, il semblait craindre de voir diminuer, avec sa convalescence, les témoignages de sa tendresse, tandis que l'indigence de Claire était une preuve subsistante de la sienne : on aurait dit que toutes les privations qui coûtent le plus aux autres étaient pour eux de nouveaux moyens de richesse et de félicité. Heureux amants ! savourez à longs traits ces sentiments délicieux qui font le charme et le prix de la vie. Pauvres infirmes! oubliés ou méprisés de toute la terre, mais contents de votre cœur et de celui qui vous est cher, vous êtes heureux par tout ce qui fait le malheur des autres; hâtez-vous de jouir des plaisirs les plus purs qui soient connus des hommes; hélas! vous connaîtrez peut-être un jour le prix des richesses, de la grandeur et de la considération, mais vous ne retrouverez plus le vrai bonheur!

» Une aventure si singulière, même au village, fit du bruit dans Orival... »

En écrivant ce roman, Jean-Jacques n'avait pas encore découvert Jean-Jacques : ce n'est pas son style. Il donne déjà le premier accent de son cœur et de son esprit; mais le grand art n'a pas encore affermi sa plume. Il ne connaît que l'école du monde; mais bientôt, comme Saint-Simon, il pourra se passer de grammaire.

Les deux hommes du xviiie siècle qui ont retrempé la langue française avaient tous les deux le mépris des écoles. Saint-Simon et Jean-Jacques n'ont été si éloquents qu'en haine de l'éloquence. Les grands écrivains du xvii° siècle parlent comme des livres ; chez Saint-Simon et Jean-Jacques, c'est la nature, c'est l'homme, c'est la passion qui parle. Ceux-là n'ont nul souci des belles choses apprises pour être récitées comme un compliment, un discours d'académie ou une oraison funèbre. Ils écrivent pour peindre ; tous les deux font leurs confessions, mais tous les deux font la confession du siècle. On pourrait trouver d'autres points de comparaison. Jean-Jacques est aussi fier sur son piédestal de laquais que Saint-Simon sur son fauteuil de duc et pair ; c'est la même personnalité ombrageuse et cruelle ; si l'une remplit Versailles, l'autre remplit Paris. Il les faut remercier hautement d'avoir brisé avec la tradition. Au lieu de cette prose pompeuse ou parée qui gardait les grands airs de la cour de Louis XIV, l'un nous a appris à aimer la vérité toute nue, ruisselante encore de l'eau du puits ; l'autre a ouvert les fenêtres des académies et des hôtels Rambouillet sur les horizons verts, bleus ou dorés des Charmettes et de Montmorency. Le premier a meurtri la vérité dans les violences de ses embrassements ; le second l'a promenée à travers les ramées chanteuses, les pieds foulant l'herbe humide, les mains pleines d'épis et de pervenches.

Ce petit roman, qui se passe dans une vallée du Dauphiné, Jean-Jacques l'avait-il vu sur la montagne de Montmorency? Pourquoi ne l'a-t-il pas publié? L'a-t-il lu à Diderot, qui lui aura dit : « J'aime mieux mademoiselle Volland ! » L'a-t-il lu à d'Alembert, qui lui aura dit : « Il n'y a que mademoiselle de Lespinasse qui s'entende à ces choses-là. »

Mais on aura beau retrouver des romans de Jean-Jacques, le plus curieux et le plus passionné qu'il aura fait sera toujours le roman de sa vie.

FIN.

TABLE

LA MARQUISE DE PARABÈRE.   1

L'ARBRE DE LA SCIENCE.   59

LE CARNAVAL DE VADÉ.   93

LES PETITS ROMANS DE L'ABBÉ PRÉVOST.   131

— MANON LESCAUT A-T-ELLE EXISTÉ.   133

— CONTES DE DEMOISELLES D'OPÉRA.   161

— HISTOIRE DE FANCHON.   202

— SUITE DE L'HISTOIRE DE MANON LESCAUT. . . .   254

CI-GIT LE BRUIT DU VENT.   281

UN ROMAN DE JEAN-JACQUES.   319

www.ingramcontent.com/pod-product-compliance
Lightning Source LLC
Chambersburg PA
CBHW070945180426
43194CB00040B/1067